독학, 어른의 생존 공부법

AI 시대·100세 시대 새로운 삶의 방식

독학, 어른의 생존 공부법

노구치 유키오 지음 | 홍성민 옮김

프롤로그

독학(獨學)은 AI 시대, 100세 시대를 헤쳐 나갈 하나의 생존 방법으로써 무한한 가능성을 갖고 있다. 나는 이 사실을 많은 사람에게 알리고 싶다.

이제 새로운 공부의 시대, 독학의 시대가 시작되었다.

공부의 필요성이 한층 높아지는 한편, 독학으로 공부하는 것이 무척 쉬워진 시대가 된 것이다.

20년 전에는 상상도 못 했을 만큼 효율적인 독학이 이제는 웹과 검색 이용으로 가능해졌다. 이 기회를 어떻게 활용하느냐의 여부로 사람들의 미래 운명은 크게 달라질 것이다.

'공부의 필요성은 느끼지만, 도무지 어떻게 해야 할지 모르겠다'는 사람들이 많다. 이 책으로 독학이 얼마나 효율적이고 즐거운 공부법인지 깨닫고 독학의 대단함을 실감하기 바란다.

이 책의 주요 독자층은 학교 교육을 마치고 사회에서 일하는 사람들이다.

이 책이 그들의 새로운 가능성을 여는 좋은 길잡이가 되기를 간절히 바란다. 세상의 미래는 그런 사람들의 노력으로 활짝 열릴 것이다.

이 책의 개요는 다음과 같다.

1장에서는 독학을 '일단 시작하기'를 제안한다. 주도면밀하고 완벽한 준비를 거쳐 시작하는 것이 아니라 일단 시작해야 한다.

어떤 일이든 첫발을 떼면 앞으로 나아가게 되어 있다. 그런데 그 첫발을 떼기가 참 쉽지 않다.

많은 사람이 '공부는 학교에서 해야 한다', '이끌어줄 선생님이 있어야 한다'고 생각한다. 그런 생각은 독학의 가능성을 구체적으로 검토한 후에 내린 결론이 아닌 단순한 편견에 불과하다.

'독학은 하기 어렵다'는 것도 편견이다. 이제 그런 생각에서 과감히 벗어나야 한다.

이 책은 그 첫발을 떼기 위한 몇 가지 구체적인 방법을 제안한다. 1장에 표시한 〈표 1-3〉을 따라 실행해보자.

옛날부터 독학으로 공부해서 성공한 사람은 많았다. 2장에서는 역사 속의 독학자들이 어떻게 혼자 공부했는지 알아본다. 그들의 방법은 유용한 참고가 될 뿐 아니라, 어려운 환경에서 공부를 계속한 사람들이 있었다는 사실만으로도 독학하는 이들에게 큰 격려가 될 것이다.

3장에서는 내 독학 경험담을 담았다. 나는 학교 공부를 하면서 독학을 계속했다. 그리고 사회에 나와 일하면서부터는 독학으로 새로운 분야에 도전했다. 그런 경험을 통해 독학이야말로 가장 효율적인 공부법이라고 단언할 수 있다.

4장에서는 새로운 공부 시대가 왔음을 알려준다.

그동안 공부는 단순히 학력(學歷) 취득을 위한 수단이 되어왔다. 그래서 사회에 나와 직업을 갖고도 공부를 계속하려는 사람이 드물었다.

그러나 기술의 발전과 사회 변화 속도가 빨라지면서 학교에서 배운 지식만으로는 일하기가 어려워졌다. 공부를 계속하지 않는 한 사회에서 뒤처질 수밖에 없다.

또, 인생 100세 시대에는 활동을 계속할 필요가 있다. 그래서 평생 공부를 계속하지 않으면 안 된다.

공부를 계속하면 조직에 의존하지 않고 일할 수 있다. 일본에서는 겸업이나 부업을 인정하는 기업이 늘어나고 있다. 덕분에

현역 시절에 겸업이나 부업을 시작해서 퇴직 후 그것을 확대해 독립된 프리랜서로 평생 일할 수 있게 되었다.

5장에서는 학교·학원 공부와 독학을 비교한다. 학교나 학원에서는 교사가 가르치는 것을 수동적으로 받아들인다. 반면에 독학은 자신이 알고 싶은 것을 찾아서 적극적으로 공부한다.

자신이 알고 싶은 것을 배울 수 있고, 유연하게 방향을 바꿀 수 있는 것이 독학의 장점이다. 물론 모든 면에서 독학이 학교나 학원 공부보다 뛰어난 것은 아니다. 5장에서는 그러한 문제에 대해서도 언급한다.

독학을 할 경우, 가장 큰 문제는 지속하지 못하고 도중에 포기하는 것이다. 포기하지 않고 계속하려면 어떻게 해야 할까? 구체적인 방법을 6장에서 알려준다.

독학의 또 다른 문제는 '무엇을 배워야 하는지' 스스로 결정해야 한다는 것이다. 그 과정에서 방향이 틀리면 아무리 노력해도 의미가 없다. 학교에는 커리큘럼이 촘촘히 준비되어 있는데 독학을 하게 되면 자신이 직접 그것을 만들어야만 한다. 이 문제의 해결법을 7장에서 알아본다.

8장에서는 실제로 일에서 사용하기 위한 실전 영어 공부법을 소개한다. 여기서 특히 강조하고 싶은 것은 그 분야 특유의 용어와 표현법을 기억하는 것이다. 이것을 모른 채 일반적인 인사법만 기억해봤자 실질적인 일에서는 거의 도움이 되지 않는다. 전문가들 사이에서는 전문용어를 알면 그것만으로도 소통이 가능하다. 영어회화 학원의 가장 큰 문제는 자신이 필요로 하는 전문용어를 배울 수 없다는 것이다.

영어를 공부하려면 출퇴근 버스나 지하철에서 꾸준히 유튜브 동영상을 듣는 것이 좋다. 그렇게 하려면 어떤 교재를 선택하고 자막은 어떻게 활용하는 것이 좋은지 알아본다.

영어는 완벽하게 들을 수 있다면 자동적으로 말할 수 있게 된다. 즉, '듣기'에 집중하면 되기 때문에 '말하기 연습'은 따로 할 필요가 없다.

9장에서는 검색에 대해 알아본다. 어떻게 검색하는지에 대한 방법론이다. 검색해야 할 키워드를 모를 때 어떻게 하느냐가 가장 큰 문제다. 이에 대처하는 몇 가지 방법을 제안한다.

10장에서는 IT 기술(정보 기술)의 발전으로 공부의 필요성이 어떻게 변화하는지 알아본다. AI(인공지능)가 아무리 발전해도 공부의 필요성은 사라지지 않는다. 오히려 AI가 발전할수록 공부의 필요성은 더욱 더 높아진다.

바야흐로, 독학의 시대가 왔다.

차례

CHAPTER 4

독학은 새로운 일의 방식을 가능하게 한다 ──── 099

CHAPTER 5

왜 학교나 학원이 아니라 독학이 좋을까? ──── 125

CHAPTER 6

독학을 지속시키는 방법 ——————— 143

CHAPTER 9

검색은 독학의 중요한 도구다 ———————— 221

CHAPTER 1

독학의
첫발을 떼자

독학은 어렵다는
편견에서 벗어나자

독학을 권함

이 책은 독학 권유서다.

독학이 얼마나 놀랍고 멋진 일을 실현하는지 알려주고, 또 그렇게 하기 위한 방법론을 제시한다.

급변하는 이 시대에 공부의 필요성은 많은 사람이 인정하고 있다. 그러나 '공부'라는 말을 들으면 대부분 학교에서 하는 공부를 떠올리게 된다.

확실히 현대사회에서 공부는 학교를 중심으로 이루어진다. 학령기(學齡期)의 공부는 물론이고, 사회인이 공부하는 경우에도 학교나 학원에 다니는 사람이 많다. 실제로 자격증 취득을 위한 각종 학교와 학원, 사회인 교양강좌가 넘쳐난다.

이 책에서는 학령기 이후의 공부에 있어서는 혼자 공부하는 '독학'이야말로 매우 효과적인 방법임을 알리고 그 중요성을 강조한다. 사회인에게 독학은 학교 공부의 보완물이나 대체물이 아니다. 많은 경우에서 그보다 더 효율적이고 뛰어나다.

독학은 새로운 시대의 새로운 공부법이다. 이 방법을 활용해서 능력을 높이는 사람은 앞으로 사회에서 맹활약할 수 있다.

이 책의 주요 독자층은 학교 교육 과정을 종료한 사회인들이다. 그러나 일을 하면서, 혹은 일을 하기 위해 보다 많은 지식과 기술을 필요로 하는 사람들이다.

물론 사회인뿐 아니라 대학과 대학원에서 공부하는 사람들, 대학입시를 앞두고 있는 사람들도 이 책을 통해 독학의 방법론을 배우기 바란다.

공부하려면 반드시 학교에 다녀야 한다는 편견

공부에 대해 많은 사람이 이렇게 생각한다(〈표 1-1〉 참조).

'사회인이 되어 공부할 경우에도 학교나 학원을 다니면서 강

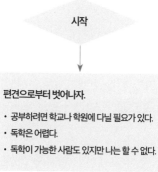

시작

편견으로부터 벗어나자.

· 공부하려면 학교나 학원에 다닐 필요가 있다.
· 독학은 어렵다.
· 독학이 가능한 사람도 있지만 나는 할 수 없다.

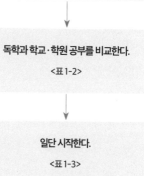

독학과 학교·학원 공부를 비교한다.

<표1-2>

일단 시작한다.

<표1-3>

<표 1-1> 편견에서 벗어나자

의를 들어야 한다.'

'원래는 강좌를 수강하거나 선생님이 있는 것이 좋지만 많은 비용이 들기 때문에 어쩔 수 없이 독학한다.'

이렇게 생각하는 이유는 '독학은 어렵다'는 편견을 가지고 있기 때문이다.

학교나 학원에 가면 벨트 컨베이어에 올라탄 것처럼 자동적으로 지식을 습득하게 된다. 그러나 흔히 독학으로는 그렇게 할 수 없다고 생각한다.

또, 독학에서는 무엇을 배워야 할지에 대한 커리큘럼을 직접 만들어야 하는데 대부분 그 부분을 무척 어렵게 느낀다. 또, 공부를 지속하는 강제력이 작동하지 않아 도중에 쉽게 포기하지 않을지에 대해서도 걱정한다.

그런데 '독학보다 학교가 좋다'는 생각을 들여다 보면, 장점과 단점을 곰곰이 따져본 후에 내린 결론이 아니다. 물론 커리큘럼을 스스로 만들어야 하지만 그렇다고 해서 극복 못할 사항은 아니다.

'공부란 학교에 다니며 교실에서 선생님의 수업을 듣는 것'이라는 학생시절부터의 습관이 변하지 않은 것뿐이다. 그야말로 이것은 단순한 편견이다. '독학으로 공부한다'는 선택지를 처음부터 고려하지 않는 것이다. 독학과 학교에서 배우는 공부를 비교해서 합리적인 이유로 후자를 선택한 것이 아니라 아예 처음부터 그런 비교를 하지 않는다. 하지만 잘 생각해서 비교해보면 독학의 장점이 드러난다.

독학에 재능은 필요하지 않다

'세상에는 독학이 가능한 사람과 불가능한 사람이 있다. 독학이 가능한 사람은 주위에서 말하지 않아도 독학한다. 그에 비해 독학이 불가능한 사람은 아무리 독학을 권해도 그럴 능력이 없어서 하지 못한다', '독학법을 사람에게 배운다는 것은 처음부터 모순이다.'

이런 의견도 있을 것이다. 그러나 이 생각은 분명히 잘못된 것이다. 앞서 말했듯 '독학으로는 공부할 수 없다'는 생각은 편견에 불과하다. 그 생각을 바꿀 기회를 만나지 못한 것뿐이다. 이제 생각을 바꿔보자.

지금부터 설명하듯 많은 경우에서 독학은 교실에서 배우는 공부보다 훨씬 효율적인 공부법이다.

물론 '더 이상 공부할 생각이 전혀 없다. 인생은 짧다. 공부만 하며 헛되이 보내기보다 마음껏 즐기고 싶다'는 사람도 있을 것이다. 그런 사람은 이 책을 읽을 필요가 없다.

나는 '공부하고 싶은데 독학은 할 수 없다'고 생각해서 학교나 학원에 다니는 사람들에게 이런 조언을 해주고 싶다. 독학이 더 효율적이다!

이 책은 절대적으로 '공부가 중요한 건 알지만 독학의 방법을 잘 모르겠다'는 사람들을 위해 쓴 책이다.

2

왜 독학이
효율적인 공부법일까?

독학은 능동적인 공부법이다

학교에서 강의를 들을 때와 독학으로 공부할 때를 비교해보자.
먼저, 강의를 듣는 것과 혼자 공부하는 것의 기본적인 차이는 무
엇일까?

강의를 듣는 것은 교사가 일방적으로 전달하는 정보, 즉 '푸시
(Push, 밀어내기)'한 것을 수동적으로 받아들이는 공부법이다. 그
에 비해 독학은 자신이 알고 싶은 것을 스스로 찾아내어 '풀(Pull,
당기기)'해나가는 능동적인 공부법이다.

학교에서는 교실에 들어가면 내가 특별히 어떤 행동을 취하지

않아도 선생님이 알아서 순서대로 가르쳐준다. 선생님이 말하는 것을 그저 받아들이기만 하면 된다(사실은 미리 예습을 하거나 질문해서 능동적, 적극적으로 참가할 필요는 있지만).

독학은 필요한 것을 중점적으로 공부할 수 있다

앞서 '독학이 어렵다는 생각은 틀렸다. 독학은 가능하다'고 말했다. 또, 독학은 많은 경우 학교에 다니는 공부법보다 훨씬 효율적이다. 〈표 1-2〉를 보면서 독학과 학교 공부를 비교해보자.

독학의 장점은 첫째, 자신의 사정에 맞게 공부할 수 있다는 것이다. 개인의 사정과 요청에 따라 유연하게 대응할 수 있다.

초등학교 교육은 누구에게나 필요하다. 그것은 한마디로 '읽기, 쓰기, 계산하기'다. 이것은 사회에 나가기 위한 최소한의 필요조건이다.

그러나 사회인의 공부는 사람에 따라 배워야 할 내용과 조건이 다르다. '무엇을 얼마나 알면 되나'는 사람마다 다르다. 이 점이 학교 교육과 크게 다른 부분이다.

일을 하기 위해서는, 혹은 자발적인 목표를 이루기 위해서는 다양한 지식을 '넓고 얕게' 배우기보다는 '알아야 할 것에 초점을 맞춰' 집중적으로 공부할 필요가 있다.

독학의 경우에는 자신이 아는 내용은 건너뛸 수 있다. 그리고 필요한 부분은 얼마든지 깊게 공부할 수 있다.

예를 들어, 일에서 사용하는 영어는 일반 영어회화만 익혀서는 거의 의미가 없다. 어떤 일을 하느냐에 따라 필요한 영어도 다르다. 비즈니스에서 필요한 영어는 학원에서 배울 수 없다. 혼자 공부할 수밖에 없다. 여기에 대해서는 8장에서 자세히 알아본다.

독학은 사정이 바뀌었을 때 대처할 수 있는 유연성이 있다. 반면, 학교에 다닐 경우에는 한번 선택한 코스를 쉽게 변경하기 어렵다. 독학은 자신이 알고 싶은 것을 변경할 수 있고, 다시 시작하는 것도 얼마든지 가능하다.

또, 자기 형편껏 공부할 수 있고 자투리 시간을 활용할 수 있다는 장점도 있다. 게다가 비용도 거의 들지 않는다('비용이 들지 않으니까 독학이 낫다'는 말은 아니다).

독학은 즐겁다

독학의 또 다른 장점은 즐거움이다.

우리는 왜 공부를 할까?

항목	독학	학교에서의 공부	독학의 문제점을 극복하려면	참조
자신에게 필요한 것만 중점적으로 배울 수 있다.	O	×	–	1장
자신의 상황에 맞는 시간에 공부할 수 있다.	O	×	–	1장
사정이 바뀌었을 때 유연하게 대처할 수 있다.	O	×	–	1장
즐거운가?	O	(경우에 따라 다르다)	–	1장
공부를 지속할 강제력이 작동한다.	△	△	가르치거나 해서 강제력이 작동하게 한다.	6장
커리큘럼이 준비되어 있다.	△	O	체계적인 교과서를 읽는다. 온라인 강좌를 수강한다.	7장
공부 친구의 인적 네트워크를 만들 수 있다.	△	O	홈페이지 등을 적극 활용한다.	5장
일의 확보로 이어진다.	×	△	–	5장

* O는 장점, ×는 단점, △는 결점인데, 대체 가능하다.

<표 1-2> 독학과 학교·학원 공부 비교

자신의 능력을 높이기 위해 꼭 필요하기 때문이다. 또, 공부를 하면 이득이 있기 때문이다. 이런 의미로 살펴본 공부의 효용은 4장에서 알아본다.

하지만 공부를 하는 이유는 그것이 전부는 아니다.

가장 큰 이유는 공부가 즐겁기 때문이다.

인간은 태어났을 때 극히 한정적인 능력만을 갖는다. 인간 능력의 대부분은 후천적인 공부(학습)로 취득한다. 이런 의미에서 인간은 매우 특수한 동물이다.

인간의 본질은 공부에 있다. 공부야말로 인간을 인간답게 만들기 때문이다. 그래서 공부하는 것은 본능적인 즐거움이다.

'공부하고 싶다'는 본능에 이끌려서 하는 공부, 독학은 그래서 즐겁다. 아마 다른 어떤 것보다 큰 즐거움을 줄 것이다.

IT 발전으로 독학의 우위성이 높아졌다

인터넷의 발달로 인해 독학을 위한 조건은 비약적으로 개선되었다. 검색 서비스를 통해 알고 싶은 지식을 마음껏 얻을 수 있다(9장 참조). 영어 공부 교재도 웹을 통해 손쉽게 입수할 수 있다(8장 참조). 대학과 같은 수준의 독학 코스도 제공된다(5장 참조). 또, 자신이 공부한 성과를 웹에서 발표할 수도 있다.

그리고 스마트폰의 발달로 공간에 구애받지 않고 이런 일들을 어디서나 쉽게 할 수 있게 되었다. 만원버스, 지하철 안에서도 얼마든지 가능하다.

IT의 발전으로 '지식을 끌어당기는', 즉 스스로 지식을 얻기 위한 조건은 이전과 비교하면 크게 개선되어 어렵지 않게 지식을 자기 것으로 만들 수 있다. 그리고 10장에서 설명하듯 앞으로 기술이 더 발전하면 독학을 위한 조건은 더욱 개선될 것이다.

독학의 우위성이 높아진 것이다. 20년 전만 해도 독학은 현실적으로 힘들었다. 효율성이 떨어졌다. 그런데 그런 환경이 점차 바뀌어서 이제 독학은 21세기의 공부법으로 손꼽힌다.

독학에는 결점도 있다

물론 독학에는 좋은 점만 있는 것은 아니다. 결점도 있다.

첫째, 지속성이 떨어져 중도 포기할 위험성이 크다. 어떻게 하면 공부를 지속할 수 있을까? 이에 대한 구체적인 방법은 6장에서 설명한다.

둘째, 어떤 목적을 달성하기 위해 무엇을 공부해야 하는지, 어떻게 공부해야 하는지가 명확하지 않다. 이것은 '커리큘럼을 만드는 것이 어렵다'고 바꿔 말할 수 있다. '알아야 할 것을 어떻게 찾을까' 하는 문제는 7장에서 검토한다.

셋째, 학교나 학원의 좋은 점은 같은 목적을 갖고 있는 친구를 만들 수 있다는 점이다. 그러나 혼자 공부하면 반 친구나 공부 친구를 만들 수 없다.

독학의 경우에서 공부 친구를 어떻게 만들까 하는 것은 사실 꽤 어려운 문제다.

3

일단
시작하자

|

시작을 위한 세 가지 제안

가장 좋지 않은 것은 학교나 학원에도 가지 않고 독학도 하지 않는 것이다. 아무것도 하지 않는 것이 가장 나쁘다.

일단 첫걸음을 떼야 한다. 첫발을 떼면 조건이 변화하고 새로운 세계가 열린다. 그리고 다음의 한 걸음을 뗄 수 있는 길이 만들어진다.

어떤 일이든 첫발을 떼기가 가장 어렵다. 공부도 마찬가지다. 전진할 수 있는 계기를 만드는 것이 무엇보다 중요하다. 그러나 많은 사람이 준비를 하느라 에너지를 다 쏟는 바람에 첫발을 떼지 못한다.

'어떤 자격증을 목표로 할까?', '그렇게 하려면 어떤 학교, 어떤 학원을 다녀야 할까?' 고민하다 보면 쉽사리 결론을 내지 못해 시작조차 할 수 없다.

일단은 다음에 제안하는 세 가지 사항을 당장 실행해보자(〈표 1-3〉). 여기서부터 본격적으로 공부가 시작된다.

제안 1 | 검색해서 확인한다

첫째, 각종 매체의 글이나 책을 읽다 모르는 말이 있으면 즉시 검색해서 확인하자. 지금까지 몇 번 듣거나 보았는데 궁금하면서도 정확한 의미를 확인하지 않은 말들이 있을 것이다. 아니면 낯선 외래어나 키워드가 있을 수도 있다.

그런 경우에는 인터넷으로 확인해보자. 모르는 말이 있으면 일단 검색해서 확인해본다. 대부분 쉽게 알 수 있다. 별것 아닌 경우도 있고 무척 중요한 경우도 있다. 하나의 키워드가 새로운 세계를 여는 중요한 계기가 되기도 한다.

매일 최소 한 개의 새로운 단어를 확인하는 습관을 갖자.

이것이 독학의 첫걸음이다. 의문이 들면 방치하지 말고 '확인

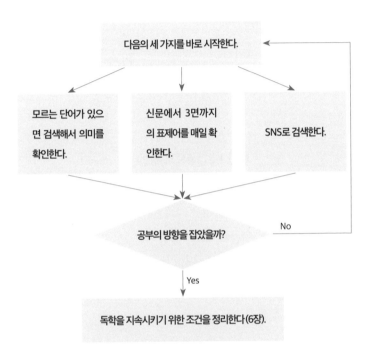

다음의 세 가지를 바로 시작한다.

모르는 단어가 있으면 검색해서 의미를 확인한다.

신문에서 3면까지의 표제어를 매일 확인한다.

SNS로 검색한다.

공부의 방향을 잡았을까?

No

Yes

독학을 지속시키기 위한 조건을 정리한다(6장).

<표 1-3> 일단 시작하자

하자'는 생각을 갖고 즉시 실행에 옮긴다. 즉시 할 수 없으면 잊지 않도록 메모해두자.

독학은 딱히 거창한 일이 아니다. 이렇게 '알고 싶은 것을 찾아서 확인하는 것'이 독학이다.

20년 전에는 무엇을 확인하려고 해도 쉽게 할 수 없었다. 박식한 사람들을 찾아서 묻거나 도서관에서 하나하나 열심히 찾아보아야 했다.

그러나 지금은 잠깐만 인터넷에서 검색해보면 대부분 쉽게 알아낼 수 있다. 최근에는 굳이 컴퓨터를 켜고 검색 키워드를 입력하지 않아도 음성검색만으로도 간단히 확인할 수 있다. 구글 홈이나 아마존 에코 등의 AI 스피커에게 말을 걸면 질문에 곧장 답해준다. 검색의 새로운 세계가 열린 것이다.

세상이 바뀌었다. 거기서부터 새로운 비즈니스 기회가 생겨나고 미래의 인생설계가 펼쳐진다.

제안 2 | 신문 기사의 표제어를 매일 확인한다

둘째, 신문의 표제어를 매일 확인하자. 본문은 꼭 읽지 않아도 된다. 그러나 제목, 특히 큰 제목은 매일 확인한다.

가능하면 모든 페이지를 확인하는 것이 좋지만 적어도 3면까지는 반드시 확인해야 한다.

그렇게 하면 사회에서 무엇이 이슈가 되고 문제가 되고 있는지 쉽게 알 수 있다.

흥미를 끄는 주제가 있으면 내용을 읽는다. 기사에 모르는 단어나 내용이 나오면 검색해서 확인한다.

흥미를 가지면 스스로 정보를 찾게 된다. 그러면 더욱 흥미의 대상이 넓어진다. 이렇게 해서 공부의 선순환이 일어난다.

제안 3 │ SNS로 검색한다

셋째, SNS(소셜 네트워크 서비스)로 검색한다. 트위터나 페이스북 등의 SNS를 사용하는 사람은 그것으로 검색해서 문제를 찾는 것도 좋을 것이다.

또, 자신이 하는 일과 관련된 내용의 외국 영화를 보는 것도 좋다. 그렇게 하면 전문용어를 외국어로 익힐 수 있다. 유튜브에서 관련 영상을 살펴봐도 좋을 것이다.

거창하게 생각하지 말고 일단 첫발을 떼자

무언가에 흥미를 갖고 배우려는 것이 독학의 시작이다. 독학은 10년 전, 20년 전에 비하면 쉽게 할 수 있는 환경이 되었다. 그러므로 독학을 적극적으로 활용해야 한다.

독학은 자격증 취득이나 외국어 습득만을 위해 하는 것이 아니다. 더 사소하고 간단한 것부터 시작할 수 있다. 독학의 대상은 눈앞에 얼마든지 나타난다.

적어도 출발점에 있어서는 체계적인 공부가 아니어도 괜찮다. 매우 단편적인 것에 대한 독학도 상관없다. 때로는 간단한 요소가 중요한 계기가 되곤 한다.

'언젠가 해야지' 하고 생각만 하고 오랜 시간이 지나도 시작하지 못하는 것, 이것이 가장 좋지 않은 태도다.

시작한 후에 준비해도 된다

학교나 학원을 알아본 후에 공부를 시작하면 선택이 잘못되었을 경우 새로운 곳을 찾아야 하기 때문에 비용이 많이 든다. 그러나 위에서 열거한 세 가지 제안을 시작하면 방향이 틀렸다고 해도 다시 시작하기 위한 비용은 들지 않는다.

이 방법으로 공부해야 할 방향이 정해지면 그 방향으로 나아가면 된다. 도중에 정체 상태에 빠질 수도 있는데 그때는 다시 생각해서 방향을 조정한다. 요컨대, 걸으면서 생각하고 필요할 때 방향을 수정하는 것이다.

아무것도 하지 않거나 멍하니 유튜브만 보고 지낼 것이 아니라 일단 공부를 시작해야 한다. 강조하지만, 첫발을 떼는 것이 가장 중요하다.

일단 시작해서 하다 보면 공부의 즐거움을 느낄 수 있다. 그리고 그것이 어떤 좋은 결과를 가져온다는 것도 알게 된다. 조사해보는 것도 불규칙하게 하지 않고 계통을 세워 체계적으로 하게 된다.

스마트폰 조작에 능숙해지면 직접 블로그나 홈페이지를 개설하고, SNS로 소통하는 것도 시도해본다.

이 단계가 되면 책의 6장을 참조해 목적의식을 명확히 하는 것이 좋다. 그리고 5장을 참조해 학교나 학원 공부와 독학 중 어느 쪽이 좋은지 비교·검토한다. 그런 후에 4장을 참고해서 장래의 일에 어떻게 활용할 수 있는지 생각해보자.

독학 방법은 어학 공부와 검색 방법을 중심으로 7, 8, 9장에서 설명해두었다.

또, 독학으로 습득할 수 있는 것은 이외에도 글쓰기, 프레젠테이션, 설득법, 집중해야 할 대상 찾기, 발상법 등도 있다. 이 부분에 대해서는 뒤에 다시 설명하기로 한다.

적군·아군 이론

독학 습관이 있는 사람과 독학 습관이 없는 사람 사이에는 시간이 지날수록 큰 차이가 생겨난다.

이에 관해 나는 '적군·아군 이론'을 믿는다.

어떤 것을 적이라고 생각하면 자기 쪽에서 더욱 멀리하게 되어 진짜 적이 된다. 반대로 아군이라고 생각하면 저절로 이쪽으로 다가온다.

모르는 것은 자신의 적이다. 그것을 확인하지 않고 방치하면 그대로 적이 된다. 그리고 시간이 지날수록 더욱 멀리하게 된다.

그런데 막상 확인해보면 의외로 간단하거나 자신에게 도움이 되는 경우도 있다. 즉, 자기편이라는 것을 알게 된다. 그렇게 되면 더욱 알아보고 공부해서 그 분야의 전문가가 될 수 있다.

인터넷이 등장했을 때도 그랬다. 이것을 적이라고 생각하면 의도적으로 멀리해서 이용하지 않는다. 그런데 다른 사람은 인터넷으로 다양한 일을 한다. 이로 인해 인터넷은 더욱 적이 되어

버린다.

그러나 인터넷 사용법을 충분히 알지 못해도 자기편이라고 생각하면 다양한 기회에 그것을 이용해 차츰 능숙하게 다룰 수 있다. 이렇게 해서 인터넷을 내 편으로 만드는 것이다.

외국어도 마찬가지다. 영화를 볼 때도 아군이라고 생각해 영어 대사를 들으려고 노력하면 차츰 귀가 열린다.

적군인지 아군인지는 많은 경우에서 주관적인 판단이다. 덮어놓고 생각해서 생기는 단순한 편견이고 취향이다.

적군과 아군, 대상을 어느 쪽으로 생각하느냐에 따라서 이후의 상황이 크게 바뀐다.

자동적으로 적군이 아군으로 바뀌지는 않는다. 자신이 행동을 취해야 한다. 그 행동이 바로 독학이다.

독학을 하면 적군을 나에게 큰 도움이 되는 아군으로 바꿀 수 있다.

CHAPTER 2

역사 속
독학자들 이야기

외국어를 독학으로
정복한 사람들

📖

외국어를 독학으로 습득한 슐리만

이번 장에서는 역사 속에서 독학으로 성공한 사람들에 대해 알아본다. 여기서는 유명한 사람들을 살펴보고 있지만 이 외에도 독학으로 성공한 사람들은 많다.

특히 외국어를 독학으로 습득한 사람은 셀 수 없이 많다.

그중 유명한 이는 독일의 고고학자 하인리히 슐리만(Heinrich Schliemann, 1822~1890)이다. 그는 어릴 때 그리스 신화에 등장하는 전설의 도시, 트로이에 대한 이야기를 듣고 그 존재를 믿게 되었다. 그리고 실제로 그것을 발굴해서 믿음을 증명해보였다.

그는 열세 살 때 김나지움(Gymnasium, 유럽의 8년제 중등 교육 기관 — 옮긴이)에 입학했는데 가난한 가정 형편으로 1836년에 학업을 중단하고 식품점에서 수습사원으로 일했다. 그 후 러시아 등에 무역회사를 설립해서 크림전쟁 중에 막대한 이익을 얻었다.

슐리만은 여러 외국어에 정통한 인물로 유명하다. 영어, 프랑스어, 네덜란드어, 스페인어, 이탈리아어 등 무려 18개 언어에 능통했다고 한다.

영어는 불과 반년 만에 습득했다.

통째 암기법

그는 그 방법을 《하인리히 슐리만 자서전 — 트로이를 향한 열정》에서 설명한다.

그는 이 책에서 "어떤 언어든 현저히 쉽게 습득하는 방법을 생각해냈다. 그 방법은 간단하다"고 말한다. 구체적으로 살펴보면 다음과 같은 내용이다.

- 크게 소리 내어 많이 읽는다.
- 간단히 번역을 해본다.

- 매일 1회는 꾸준히 수업을 받는다.
- 흥미로운 대상에 대한 작문을 해본다.
- 선생님의 지도로 잘못된 곳을 바로 잡는다.
- 전날 수정한 문장을 암기해서 다음 수업 시간에 그 내용을 외운다.

그는 좋은 발음을 익히기 위해 "일요일에 두 번씩 영국 교회에 가서 설교에 귀 기울이며 말 한 마디 한 마디를 작은 소리로 따라 해봤다"고 한다.

중요한 것은 그가 긴 문장을 통째로 암기하는 방법을 썼다는 것이다. 슐리만은 올리버 골드스미스(Oliver Goldsmith, 영국 시인, 소설가, 극작가)의 《웨이크필드의 목사》와 월터 스콧(Walter Scott, 영국의 역사소설가, 시인)의 《아이반호》 전체 문장을 통째로 암기했다.

프랑스어 공부에도 같은 방법을 적용해 페늘롱(François Fénelon, 프랑스의 종교가, 소설가)의 《텔레마크의 모험》과 베르나르댕 드 생 피에르(Bernardin de Saint Pierre, 프랑스의 소설가)의 《폴과 비르지니》를 통째로 암기했다. 그렇게 해서 프랑스어도 6개월 만에 완전히 습득할 수 있었다.

러시아어의 경우는 책도 선생님도 찾을 수 없어서 애를 먹었는데 "문법책으로 러시아어와 발음을 머릿속에 주입했다. 그런 다음 이전에 했던 방식대로 짧은 문장이나 이야기를 작문해서 모조리 암기했다"고 한다.

그런 노력을 기울인 6주 후에는 처음으로 러시아어로 편지를 써서 런던의 러시아인 상인에게 보낼 만큼 실력이 향상되었다. 또, 러시아어로 유창하게 대화도 할 수 있게 되었다.

그 당시는 외국어 음원을 구하기 어려웠을 것이다.

반면에 외국어를 말할 수 있는 사람은 극소수였기 때문에 공부만 해두면 수요와 공급이라는 점에서 매우 유리한 입장에 설 수 있었다. 슐리만이 비즈니스에서 성공한 것은 분명히 어학의 힘이 컸다. 실제로 그가 러시아에 이주해서 무역상을 운영한 것은 처음으로 쓴 러시아어 편지가 계기가 되었다.

누군가에게 들려준다

그는 다음과 같이 말한다.

> 누구든《텔레마크의 모험》의 낭독을 들어줄 상대가 있으면 학습 능률이 빨리 향상될 것 같아서, 한 가난한 유대인을 일주일에 4프랑씩 주기로 하고 고용했다. 그는 러시아어를

하인리히 슐리만

고고학자 | 독일

한 마디도 알아듣지 못하면서도 매일 밤 두 시간씩 내 곁에
서 러시아어 낭독을 들어야만 했다.

즉, 그는 이 경험담을 통해 우리에게 혼자 하기보다는 다른 사
람에게 들려주면 자극이 된다는 사실을 알려주고 있다. 그래서
돈을 지불하며 배우는 것이 아니라 오히려 돈을 주면서 다른 사
람을 가르쳤다. 이것은 공부를 지속하기 위한 중요한 포인트다.
이것에 대해서는 6장에서 설명한다.

또, 그는 고고학에 대해서도 정규 교육을 받지 않은 아마추어

학자였다.

 존 폰 노이만(John Von Neumann, 1903~1957)도 통째 암기법을 사용했다.

 이상에서 보았듯 슐리만의 공부법은 외국어 책 한 권을 통째로 암기하는 것이 기본이다. 헝가리 출신의 수학자, 존 폰 노이만도 같은 방법이었다. 그는 '20세기 최고의 수학자'로 불리는 천재로 현대 컴퓨터의 기본 원리(프로그램 내장방식)를 개발했다.

 노먼 맥레이(Norman Macrae)의《폰 노이만의 생애》를 보면, 그는 여섯 살 때 이미 고대 그리스어로 아버지와 농담을 나눴다. 독일어도 혼자 학습했다. 빌헬름 옹켄(Wilhelm Oncken, 저술가)의 44권짜리 역사서인《세계사》를 전부 읽었고, 찰스 디킨스(Charles Dickens, 영국의 소설가)가 쓴《두 도시 이야기》의 앞쪽 십여 페이지는 한 마디도 틀리지 않고 완벽하게 암기할 수 있었다.

 그는 나치 정권을 피해 1930년대에 미국으로 이주했는데 영어는《브리태니커 백과사전》의 몇 개 항목을 통째로 암기하는 방법으로 공부했다.

 독학과는 관계없는 이야기일지 모르지만 부다페스트의 루터회 학교인 에반젤리쿠스 김나지움을 다닌 그의 동창생 윌리엄 페르나(William Perna, 경제학자, 예일대학 교수)는 나의 스승이다.

 내친김에 하나 더 이야기하자면, 존 폰 노이만의 저서 가운데

존 폰 노이만
수학자 | 헝가리

《게임이론과 경제행동》이 있다(경제학자 오스카 모르겐슈테른〈Oskar Morgenstern〉과의 공저). 이것은 경제학 사상 1, 2위를 다투는 획기적인 업적이다. 그런데 예일대학 수리경제학 시간에 교수님(허버트 스카프〈Herbert Scarf〉)이 해준 설명에 의하면 존 폰 노이만은 그 책에 만족하지 못했다. 그래서 언젠가 다시 쓰려고 생각했는데 결국 그의 생각은 실현되지 못했다. 왜냐하면 그는 너무 많은 일을 하고 있었기 때문이다. 원자폭탄을 개발하고 양자역학의 수학적 기초를 만들어야 했고, 또, 컴퓨터의 기본 개념을 만들어야 했다.

독학으로 어학을 정복한 또 다른 어학 학습자가 있다. 스탕달(Stendhal)의 소설《적과 흑》의 주인공인 쥘리엥 소렐이다. 그는 가난한 목재상의 셋째 아들로 태어나 아버지를 도와 일하면서 시간이 날 때마다 라틴어를 공부했다.

쥘리엥은 레날 부인을 처음 만나는 장면에서 라틴어판《구약성서》와《신약성서》를 막힘없이 술술 외울 수 있었기 때문에 그 역시 성서를 통째로 암기했다고 할 수 있다.

책의 '통째 암기법'은 유대인의 전통이다. 신앙심이 깊은 유대교 신자는《구약성서》를 자유자재로 암송할 수 있다. 일반적으로 유대인 가운데 지능이 높은 사람이 많은 것은 책을 통째로 외우는 전통적인 교육 방법이 있기 때문이라고 한다. 노이만의 부모도 유대계 독일인이었다.

옛 좋은 시절
미국의 독학자들

인쇄물을 닥치는 대로 읽은 프랭클린

18~19세기의 미국에는 독학으로 성공한 사람들이 많다. 미국식 성공 스토리다.

벤저민 프랭클린(Benjamin Franklin, 1706~1790)이 대표적인 인물이다. 그는 1776년, 미국 독립선언문의 초안을 작성하는 기초(起草) 위원이 되었다. 토머스 제퍼슨(Thomas Jefferson) 등과 〈독립선언문〉에 처음으로 서명한 다섯 명의 정치인 중 한 명이기도 하다.

그는 정치뿐만 아니라 물리학자이자 기상학자이기도 했다. 연을 이용한 실험으로 번개가 전기라는 사실을 밝힌 이야기는 유명하다.

그의 독학은 《프랭클린 자서전》 등을 통해 알 수 있다.

학교 성적은 우수했지만 학비 때문에 열 살에 학업을 중단하고 인쇄업을 하던 형 밑에서 도제공으로 일했다.

그는 시간이 날 때마다 일터에 있는 책이나 신문 같은 인쇄물을 닥치는 대로 읽었다. 그럼으로써 수학과 과학의 기초를 익힐 수 있었다.

점심시간이 되면 혼자 직장에 남아 서둘러 도시락을 먹고 나머지 시간은 책을 읽으며 보냈다. 프랭클린은 "점심으로 집에서 챙겨온 도시락을 먹으면 돈도 절약하고 공부 시간도 만들 수 있어 일석이조(一石二鳥)였다"고 말한다.

어느 날, 원고를 활자로 조판하던 철학서 내용에 근본적인 오류가 있다고 느낀 그는 그것을 논문으로 정리해 소책자로 인쇄했다.

그의 책자를 읽은 라이온즈라는 인물이 그에게 버나드 맨더빌(Bernard Mandeville, 1670~1733. 《꿀벌의 우화》 저자로 유명한 사상가)을 소개해주었다.

프랭클린이 책이며 신문을 닥치는 대로 읽었다는 이야기는 흥미롭다. 내가 대장성(현재의 재무성 – 옮긴이)에 입성했을 때가 떠올랐다. 당시에 막 복사기가 등장했는데 신입사원의 주된 입무 중

벤저민 프랭클린
정치가 | 미국

하나가 서류 복사였다. 동료 가운데 서류를 복사할 때마다 여분으로 한 장을 더 복사해서 자기 자료로 챙긴 사람이 있었다. 그는 그것을 읽고 관공서의 업무를 '독학'한 것이다.

링컨의 독학 인생

에이브러햄 링컨(Abraham Lincoln, 1809~1865)은 '역대 미합중국 대통령 순위'에서 '가장 위대한 대통령'으로 손꼽히고 있다.

에이브러햄 링컨
정치가 | 미국

링컨은 켄터키주의 한 가난한 농가에서 태어났다. 그가 받은 정식교육은 18개월 동안 여러 명의 순회교사로부터 수업을 들은 것이 전부였고 나머지는 전부 독학이었다. 빌릴 수 있는 모든 책을 통해 오로지 혼자서 공부했다.

청년 시절에 일리노이주로 이주해 선원, 점원, 민병으로 일했고, 측량술을 독학으로 익혀서 측량기사가 되었다. 스물다섯 살 때는 일리노이주의 하원의원 선거에 입후보해 당선되었다.

이후 독학으로 법률을 공부해 스물여덟 살 때 변호사 시험에 합격했다.

그는 자신의 학습법에 대해 "나는 누구의 밑에도 속하지 않고 혼자서 배웠다"고 말했다. 자조노력(自助努力)의 전형적인 인물이 링컨이다.

그는 변호사가 된 후에도 독학으로 실력을 쌓았다. 매일 밤, 최고재판소 도서관에서 담당하는 소송과 관련된 판례를 연구했다. 그는 변호 취지서를 작성할 때 영국의 관습법(Common Law, 중세 이래 영국의 코먼 로 법원이 운용해온 판례에서 구체화된 관습법 체계)까지 거슬러 올라가 세부적인 부분까지 상세히 준비했다. 최고재판소에 출정할 기회도 많아져 '법률가 중의 법률가'라는 평판을 얻었다.

철강왕 카네기의 보은

철강왕 앤드루 카네기(Andrew Carnegie, 1835~1919)는 스코틀랜드에서 태어나 1848년에 부모와 함께 미국으로 이주했다. 처음에는 공장에서 작업원으로 일하다 이후 전신회사에서 전보를 배달했다.

부지런한 성격인 그는 열심히 일했다. 당시의 전보는 수신한 모스 부호(미국의 발명가 모스〈Samuel Morse, 1791~1872〉가 고안한 점과 선을 배합하여 문자·기호를 나타내는 전신 부호)를 종이테이프에

앤드루 카네기
철강왕 | 미국

찍어서 해독하는 것이 일반적인데, 카네기는 모스 부호를 직접 귀로 듣고 구분하는 특기를 습득해 전기기사로 승격되었다.

책을 살 수도 없고 도서관도 아직 보급되지 않았던 때였다. 그런데 가까이 살았던 한 독지가가 일하는 청소년들을 위해 매주 토요일 밤에 400권의 개인 장서가 있는 서재를 개방해주었다. 카네기는 그곳을 드나들면서 독서를 좋아하게 되었다.

그는 1870년대 피츠버그에서 카네기 철강회사를 창업했는데, 이 사업이 크게 성공해 1890년대에는 세계에서 최고 수익을 올리는 회사로 발전했다.

그는 은퇴 후의 인생을 자선활동에 바쳤다. 교육, 과학연구에 많은 돈을 기부했고, 그중에서도 공공도서관 설치에 주력했다. 그는 총 2,500곳의 도서관을 건설했다. 아마도 소년 시절에 이용한 개인 도서관에 대한 보은(報恩)이지 않았을까.

3

수학자와 자연과학자에도
독학자가 있었다

독학한 수학자들

학자의 경우는 수학 분야에 유독 독학자가 많다. 실험기구가 필요 없고 수업 형식이 실기가 아니라 교실에서 이루어지기 때문일 것이다. 가장 유명한 '비전문가 수학자'는 피에르 드 페르마(Pierre de Fermat, 1601~1665)다. 프랑스 툴루즈에서 변호사 자격을 취득하고 그곳에서 평생을 법률가로 보냈다. 일을 하면서 독학으로 수학을 공부하고 혼자 연구를 계속해서 확률론의 기초를 만들고 해석 기하학의 방법을 발견했다.

'페르마의 마지막 정리'로 불리는 유명한 명제는 그가 써서 남

피에르 드 페르마
법률가, 비전문가 수학자 | 프랑스

긴 이래 360년간 아무도 증명하지 못한 수학의 최대 난제로 남아 있었다(1994년에 수학자 앤드루 와일스⟨Andrew Wiles, 옥스퍼드대학 교수⟩가 '페르마의 마지막 정리'를 증명해냈다).

페르마가 수학에 눈을 뜬 계기는 고대 그리스 수학자인 디오판토스(Diophantus)의 《산술》을 읽게 되면서부터였다. 그 후 취미로 수학을 연구했다. 페르마의 마지막 정리도 이 책의 여백에 다른 메모들과 함께 남아 있었다.

고트프리트 라이프니츠(Gottfried Wilhelm Leibniz, 1646~1716)는 1684년에 미적분법 논문을 발표해 아이작 뉴턴과 선취권을 둘러

고트프리트 라이프니츠
수학자 | 독일

싸고 싸우게 된 독일의 유명한 수학자인데, 그 역시 독학이었다.

정규 학교 교육은 받았지만 교사가 평범했던 탓에 교사에게 배우는 것은 거의 없었고 독학으로 여러 학문을 공부했다.

열두 살 때는 혼자서 라틴어를 습득했다. 1661년, 라이프치히 대학에 입학해 수학과 철학을 배웠고, 1666년에는 알트도르프대학으로 옮겨 다음 해에 법학박사 학위를 취득했다. 그의 본업은 정치 고문이다.

스물한 살에 요절한 천재 수학자, 에바리스트 갈루아(Évariste Galois, 1811 ~ 1832)는 군론(群論, 군의 이론과 그 응용에 관하여 연구하

에바리스트 갈루아
수학자 | 프랑스

는 수학의 한 분야)의 기초를 제시하여 현재의 대수학(代數學, 개개
의 숫자 대신에 숫자를 대표하는 일반적인 문자를 사용하여 수의 관계, 성
질, 계산 법칙 따위를 연구하는 학문)을 만든 프랑스의 천재 수학자다.
그는 명문 에콜 폴리테크니크(공업대학) 시험을 보았는데 면접에
서 불손한 태도를 취해 낙방했다. 결국 수학은 5년밖에 배우지
않았다.

레오폴트 인펠트(Leopold Infeld, 1898~1968)가 쓴 《갈루아의 생
애 — 신들이 사랑한 사람》은 그의 짧은 생애를 그린 명저다.

스리니바사 라마누잔(Srinivasa Ramanujan, 1887~1920)은 인도의

스리니바사 라마누잔
수학자 | 인도

수학자다. 대학에 입학했으나 수업에 출석하지 않아 시험에 낙제하고 퇴학당했다. 이후 한 회사의 회계직원으로 일하며 독학으로 수학을 공부했고 그 성과를 편지에 써서 케임브리지대학의 고드프리 해럴드 하디(Godfrey Harold Hardy, 1877~1947, 20세기 초 영국의 대표적인 수학자)에게 보냈다. 하디는 처음엔 진지하게 받아들이지 않았지만 라마누잔과 주고받은 편지에서 수준 높은 내용을 발견하고 깜짝 놀랐다고 한다.

하디를 통해 케임브리지대학에 초빙된 라마누잔은 대학의 수학자들을 놀라게 만드는 독자적인 성과를 올렸다.

갈릴레오 갈릴레이
과학자 | 이탈리아

독학한 자연과학자들

자연과학 분야에도 독학자들이 있다. 오래전 인물로는 근대 물리학의 기초를 만든 갈릴레오 갈릴레이(Galileo Galilei, 1564~ 1642)를 들 수 있다. 그는 피사대학 의대를 중퇴하고 독학으로 물리학을 공부했다.

　마이클 패러데이(Michael Faraday, 1791~1867)는 영국의 화학자이자 물리학자다. 가난한 가정에서 태어나 초등학교 중퇴가 학력의 전부였기 때문에 수준 높은 수학은 이해할 수 없었다.

마이클 패러데이

화학자, 물리학자 | 영국

　열네 살 때부터 제본·서점업자의 견습생으로 일하며 제본소에 들어온 과학책을 읽었다. 그러면서 과학에 흥미를 느낀 그는 특히 전기에 관심을 갖게 되었다. 책에 쓰여 있는 실험을 직접 해보며 독학으로 물리학과 화학을 공부했다. 1812년, 왕립연구소에서 험프리 데이비(Humphry Davy, 1778~1829, 화학자)의 강연을 들은 것이 계기가 되어 다음 해에 그의 조수가 되었다.

　전자기학과 전기화학 분야에서 많은 업적을 남긴 패러데이는 전류의 자기작용으로 전자기 회전을 만드는 실험에 성공했다. 또, 전자기 유도와 전기분해에 관한 법칙을 발견했다.

올리버 헤비사이드

물리학자, 수학자, 발명가 | 영국

전기장, 자기장, 역선(力線, 자기장이나 전기장의 크기와 방향을 보이는 선)의 개념을 도입해, 제임스 클러크 맥스웰 (James Clerk Maxwell, 1831~1879)의 전기이론으로 이어지는 길을 열었다.

올리버 헤비사이드(Oliver Heaviside, 1850~1925)는 영국의 물리학자·수학자다. 그는 정규 대학교육도 받지 않았고, 연구기관에도 소속되지 않은 채 오로지 독학으로 연구했다. 열여섯 살에 학업을 중단하고 열여덟 살까지 독학으로 전신기술과 전자기학을 공부했다. 이후 전신회사에서 통신사로 일하며 주임 통신사가 되었다. 그러나 청각장애로 퇴직한 후에는 일절 직업을 갖지 않은

장 앙리 파브르
박물학자 | 프랑스

채 자택에서 연구에 몰두하며 고고한 과학자로 일생을 마쳤다.

프랑스 박물학자 장 앙리 파브르(Jean Henri Fabre, 1823~1915)는 부모가 이 일 저 일 전전한 탓에 어릴 적부터 가난했다. 그래서 독학으로 여러 공부를 계속했다.

일본의 생물학자이자 박물학자인 미나가타 구마구스(南方熊楠, 1867~1941)는 대학을 졸업하지 않았다. 또, 식물학자 마키노 도미타로(牧野富太郎, 1862~1957)는 초등학교 중퇴가 학력의 전부였다.

독학한 발명가들

발명가 중에는 유독 독학자가 많이 배출되었다. 가장 유명한 이는 미국의 발명가이자 기업가인 토머스 에디슨(Thomas Alva Edison, 1847~1931)일 것이다. 그는 축음기, 전기철도, 광석분리 장치, 백열전구(1879년 에디슨이 미국에서 특허를 내기 전 영국의 조지프 스완〈Sir Joseph Wilson Swan, 1828~1914〉이 개발에 성공했으나 상업적인 성능에서는 에디슨이 우세했다), 활동사진 등등 생애 2,332건의 특허를 취득했다.

초등학교에 입학한 그는 교사와 소동을 일으켜 3개월 만에 중퇴하는 바람에 정규교육을 받지 못하고 도서관 등에서 독학했다. 그는 신문을 팔아 모은 얼마 안 되는 돈으로 실험실을 만들었다. 열여섯 살에는 전기기사로 일하게 되어 다양한 과학 잡지를 읽으면서 공부를 계속했다. 그의 원동력이 된 것은 '알고 싶다!'는 지적 욕구였다.

에디슨은 스물두 살 때 주식상장표시기를 발명해 특허로 거액의 돈을 벌었다. 1877년에는 축음기 실용화에 성공해 뉴저지주에 멘로파크 연구실을 만들었고 1889년, 에디슨 제너럴 일렉트릭 회사를 설립했다. 이 회사는 후에 제너럴 일렉트릭사가 되어 '전기시대'의 막을 열었다. 현재도 미국의 주요기업 중 한 곳이다.

토머스 에디슨
발명가 | 미국

  '청각장애인의 아버지'로 불리며 실용적인 전화기를 발명한 것
으로 잘 알려진 알렉산더 그레이엄 벨(Alexander Graham Bell, 1847
~1922. 최초로 전화기를 발명한 것은 안토니오 메우치〈Antonio Meucci,
1808~1889〉로, 벨보다 21년 앞선 1854년에 전화기를 발명했다. 2002년에
미국 의회는 최초의 전화기 발명자를 안토니오로 인정했다)은 스코틀랜
드에서 태어났다. 아버지는 대학 교수로, 그의 일가는 오랫동안
변론술 교육에 관계했다. 어릴 적에는 집에서 아버지에게 교육을
받았다. 에든버러 왕립고등학교에 입학했지만 열다섯 살에 자퇴
했다. 에든버러대학에 입학했으나 그 후 캐나다로 이주했다.
  그는 형과 함께 사람의 목소리를 흉내 내어 언어를 구사하는 자

알렉산더 그레이엄 벨
발명가 | 스코틀랜드, 캐나다

동기계를 만들려고 했다. 그리고 소리굽쇠를 사용해 공명 등의 음향 전달에 대해 연구하게 되었다. 후에 대학에서 조수와 강사로 일했는데, 강의가 없는 시간에 최소한의 실험기구로 전화 실험을 계속했다. 살아 있는 동안 과학진흥과 청각장애인 교육에 주력했다.

동력비행기를 발명한 라이트 형제(윌버 라이트〈Wilbur Wright〉 1867~1912, 오빌 라이트〈Orville Wright〉 1871~1948)도 고등교육은 받지 않고 독학으로 항공역학과 비행기술을 배웠다. 자전거 가게를 운영하며 공작 기술을 구사해 글라이더와 비행기를 직접 만들었다. 1901년에는 풍동(風洞, 빠르고 센 기류를 일으키는 장치) 실험 장치를 개발했는데 이것을 이용해 여러 형태의 날개에 작

윌버 라이트(형)와 오빌 라이트(동생)
발명가 | 미국

용하는 힘을 계측했다. 그리고 항공 역학의 새로운 계산식을 유
도해내어 날개의 형상을 최적화하는 데 성공했다.

1909년, 형제는 라이트사를 창업했다. 라이트사는 글렌 L. 마
틴사와 합병해 현재의 록히드마틴(Lockheed Martin Corporation, 방
위산업체)이 되었다.

헨리 포드(Henry Ford, 1863~1947)는 '자동차의 아버지'로 불린
다. 그전까지 자동차는 극히 일부의 사람들만 구입할 수 있었는
데, 미국의 중산층이 구입할 수 있는 T형 포드를 개발·생산해서

1903년 12월 17일. 첫 비
행날 윌버의 일기장.

1905년 10월 4일. 오빌 라
이트가 비행한 33분 17초
의 비행을 촬영한 것이다.

헨리 포드
자동차 기업가 | 미국

자동차 교통에 일대 혁명을 일으켰다.

그도 대학교육은 받지 않았고 독학으로 기계공학을 익혔다. 미시건주 농가에서 태어나 1879년에 고등학교 학업을 중단하고 기계공으로 일했다. 1891년, 에디슨 전기회사의 기술자로 들어가 주임기사가 되었다. 그곳에서 자신의 시간을 쓸 수 있게 된 포드는 내연기관 실험을 시작해 1896년, 1호차 제작에 성공했다.

1903년에는 포드 모터 컴퍼니를 설립, 이후 라인 생산방식으로 자동차의 대량생산을 시작했다. 1913년, 벨트 컨베이어에 의한 라인생산 방식을 도입하여 생산능력을 크게 강화하고 저가격화를 실현했다.

독학한
예술가들

괴테와 오가이도 문학 독학자

예술 분야에서의 독학은 분야에 따라 큰 차이가 난다. 음악과 미술은 스승을 두거나 학교에서 배우는 경우가 많다.

그에 비해 문학은 스스로 방법을 습득하는 것이 보통이다. 그래서 바이마르 공국의 재상이었던 요한 볼프강 폰 괴테(Johann Wolfgang von Goethe, 1749~1832)와 일본의 육군 군의관 모리 오가이(森鷗外, 1862~1922)처럼 본업은 따로 있었던 경우가 많다(내친 김에 말하면, 괴테는 젊을 때부터 자연과학에 흥미를 느껴 인체해부학, 식물학, 지질학, 광학 등의 저작과 연구를 남겼다. 특히 1810년에 발표된《색

요한 볼프강 폰 괴테

문학가 | 독일

모리 오가이

육군 군의관, 작가 | 일본

채론》이 유명하다. 괴테는 이 분야들도 독학했다).

음악과 미술에도 독학자가 있다.

피아니스트 중에는, 클라우디오 아라우(Claudio Arrau, 1903~1991)가 독학으로 피아노를 공부했다. 그는 남미 칠레 출신으로 20세기를 대표하는 피아니스트다.

아라우는 어릴 적부터 어머니의 피아노 연주를 들으며 자라서 글자를 익히기도 전에 악보를 읽을 수 있었다. 그리고 피아노를 독학으로 익혀 불과 다섯 살 때 첫 연주회를 열었다. 베를린의 슈테른 음악원에서 마르틴 크라우제(Martin Krause)의 지도를 받았는데, 피아니스트가 된 후에도 타인의 영향을 받지 않고 자립하는 것을 중시했다.

루소와 다거

회화 분야 대표 독학자로는 앙리 루소(Henri Rousseau, 1844~1910)가 있다. 그는 고등학교를 중퇴한 후 법률사무소에 근무했고, 군 복무를 거쳐 파리시 세관직원이 되었다. 일하는 짬짬이 시간이 날 때마다 그림을 그렸다.

정통 예술가 범위에는 들지 않는 아웃사이더, 헨리 다거(Henry

Darger, 1892~1973)는 궁극의 독학자라고 할 수 있다. 그는 기묘하고 고독한 화가이자 작가다.

역사상 가장 긴 소설은 헨리 다거가 쓴《비현실의 왕국에서》다. 정식 제목은《비현실 왕국의 비비안 걸스의 이야기 혹은 어린이 노예의 반란으로 인한 글랜디코와 안젤리안 사이의 폭력적인 전쟁 이야기》다. 책에는 현기증이 날 만큼 어지러운 비현실적 세계가 그려진다.

그는 정식 교육을 받지 않고 전부 독학으로 배웠다. 집필은 약 60년에 걸쳐 이루어졌는데, 죽기 반년 전에 양로원에 들어가기까지 시카고에 있는 자신의 아파트에서 글을 썼다. 텍스트는 총 1만 5,145쪽, 삽화는 300장으로, 삽화는 뉴욕근대미술관의 피카소 작품 옆에 장식되어 있다.

너무 길어서 외국어판을 포함해 텍스트 전체가 간행된 적이 없기 때문에 아직까지 이 작품을 마지막까지 완독한 사람은 없다.

독학으로의
회귀가 일어나다

노스탤지어가 아니다

지금까지 소개한 사람들은 대부분 20세기 초의 인물들이다. '그
들이 성공한 시대와는 배경이 달라서 현대에는 통용되지 않는다'
는 의견도 있을 수 있다. 그들의 성공 스토리는 정말 '옛날 좋은
시절의 목가적 삽화'로, 단순한 노스탤지어(향수)에 불과할까?

20세기 들어 대규모 조직 시대가 되자 사회의 조건은 크게 달
라졌다. 학력사회가 형성되어 고학력이 아니면 조직에 들어가
일하기 어렵게 되었다. 조직화, 관료화가 심화되면 독학만으로
는 전문가 집단의 리더가 되기 힘들다.

또, 기술개발에 많은 자금이 필요하고 지(知)의 제도화가 강화되면 개인 발명가의 역할은 한정적이 된다.

이런 측면이 있다는 것은 부정할 수 없다.

그렇다고 해서 그들의 경험이 현대사회에서 무의미한 것은 아니다.

독학하는 사람은 권위에 굴복하지 않았다

첫째, 옛날에도 똑같이 고학력인 사람들이 세력을 갖고 있었다. 라이트 형제가 비행에 성공했을 때, 많은 학자가 '공기보다 무거운 것은 날 수 없다'고 '논증'했다. '비전문가가 쓸모없는 짓을 한다'는 것이다.

그러나 라이트 형제는 그에 굴하지 않고 개발을 계속했다. 그 신념이 중요하다.

패러데이는 영국의 계급사회에서 차별을 받아 한때 과학의 길을 포기하려고도 했었다고 말한다.

헤비사이드도 독학자였기 때문에 어려움을 겪었다. 특히 만성적인 자금난에 연구비가 없어 힘들어했다. 인근 주민들에게는 정신병자 취급을 받았다. 그의 업적 대부분은 그가 죽은 후에 인정된 것이다.

슐리만도 정통 고고학자들로부터 인정받지 못했다. 인정은커녕 심한 질투와 공격을 받았다.

그러나 대부분의 독학자들은 이런 환경에 굴하지 않았다. 그들은 권위가 아니라 자신의 힘을 믿었다.

독학자이기 때문에 자유로운 입장에서
새로운 발명을 할 수 있었다

위의 말을 뒤집어보면 '독학자라서 새로운 발명이 가능했다'고 할 수 있다.

상식에 얽매이지 않는 자기만의 방식으로 '상식적인 생각을 고집하는 사람은 하지 않는 것을 시도한 것'이다.

라이프니츠는 '독학으로 공부한 덕에 공허해서 어차피 잊어버릴 일, 또 근거가 아니라 교사의 영예를 의미하는 일에서 벗어나 어느 학문이든 열심히 원리에 다다를 때까지 탐구할 수 있었다'고 말한다.

슐리만이 전설을 믿고 트로이 발굴을 한 것도 그가 비전문가였기 때문에 가능한 일이었다. 정통 고고학자였다면 '트로이는 꿈같은 이야기'라고 생각해서 발굴을 실행으로 옮기지 않았을 것이다.

벨이 소리굽쇠를 사용해 음향전달 실험을 했을 때, 그는 헤르만 폰 헬름홀츠(Hermann von Helmholtz, 1821~1894, 독일의 생리학자, 물리학자)가 이미 소리굽쇠를 사용해 모음을 생성하는 연구를 하고 있다는 것을 알았다. 벨은 그 논문을 숙독했는데 독일어 실력이 부족해 오독(誤讀)했고, 그것이 그 후의 음성신호 전송법의 토대가 되었다. 훗날 벨은 "만일 내가 독일어를 읽을 수 있었다면 실험을 시작하지 못했을지도 모른다"고 말한다. 벨은 독학을 했기 때문에 자기방식으로 연구를 계속해서 성공한 것이다.

'관습적인 사고에서 벗어나 새로운 발상을 한다.'

바뀌지 않는 현실을 타파하려면 이런 자세가 중요하다.

새로운 시대가 시작되었다

또 하나 중요한 것은 새로운 움직임이 시작되었다는 사실이다. 시대 변화가 심할수록 지속적으로 독학하지 않는 한 최첨단에 따라가지 못한다. 이것은 이미 설명한 그대로다.

큰 변화가 일어나면 지금껏 아무도 손대지 않은 세계가 펼쳐진다. 그곳에서 새로운 사업을 일으키려면 독학으로 습득한 노하우로 이리저리 시도하면서 앞으로 나아갈 수밖에 없다.

그것을 상징하는 것이 중국의 거대 IT사업 알리바바를 만든 마윈이다. 그는 대학입시에 두 번 실패하고 삼륜자동차를 몰았다. 그 후 영어교사가 되었고 1995년 우연히 미국에 갔을 때 인터넷의 밝은 미래를 확신하고 1999년 회사를 설립했다. 그리고 혼자 힘으로 세계 최첨단 IT기업을 만들어냈다.

IT는 지식의 제도화를 파괴한다. 대학에서 배운 지식은 진부해지고 있다. 반면에 웹을 보면 최첨단의 상세한 내용까지 알 수 있다.

제도화된 현대의 최강 길드(guild, 협회)인 의학조차 최첨단 분야에서는 변화로부터 자유로울 수 없다. 예를 들어, AI로 자동진단이 가능해지면 진료 분야에 데이터 사이언스 지식이 필요해져서 전통적인 의학만으로는 불충분해질 것이다.

그리고 AI 시대가 되면 지식의 세계는 더욱 더 근본적인 변화에 노출된다. 그렇게 되면 더더욱 독학으로 회귀될 것이다.

CHAPTER 3

나의
독학 기술

학생시절부터
계속해온 독학

현미경과 망원경을 만들다

이번 장에서는 나의 독학 경험을 소개한다. 나는 일찍부터 독학을 계속해왔다. 시작은 중학생 때부터였다. 잡지 〈어린이 과학〉을 매달 읽었는데 거기에 실린 기사를 보고 흥미가 생겨 직접 현미경을 만들었다. 렌즈는 만들 수 없기 때문에 구입했다.

현미경은 작아서 상대적으로 구조상의 문제가 적기 때문에 중학생도 쉽게 만들 수 있다. 완성된 현미경으로 꽃병의 물을 보니 미생물이 헤엄쳐 다니고 있어 깜짝 놀랐다.

이 경험을 통해 광학기계 만들기에 자신이 생겨나 다음에는 망원경에 도전했다. 망원경은 값이 비싸서 부모님이 사주지 않았기 때문에 직접 만드는 대상으로 가장 적합했다.

작은 굴절망원경부터 시작해 마지막은 구경 10센티미터의 뉴턴식 반사망원경에 도전했다. 렌즈와 거울은 직접 해결할 수 없어 구입했는데, 나머지는 《반사망원경 만드는 방법》이라는 책을 보고 만들었다. 예상대로 구경 10센티미터의 반사망원경은 구조적으로 간단하지 않아 경통(렌즈를 고정해주고 밖으로부터 빛이 들어오는 것을 막아 주는 몸통)과 삼각대를 만드는 데 애를 먹었다. 지금도 리소그래프(lithograph, 석판)를 구입해서 그것이 커다란 통에 쏙 들어가면 '이건 망원경으로 쓸 수 있다!'고 흥분한다.

그렇게 해서 달의 표면은 물론이고 우연히 가까이 접근했던 화성의 극관(極冠, 화성의 극지방에서 볼 수 있는 희고 빛나는 부분)까지 관측할 수 있었다. 목성의 갈릴레오 위성도 보였다.

이 경험을 통해 나는 독학이라는 공부 방법의 가능성을 깨닫게 되었다.

그렇게 해서 이후 여러 가지를 독학으로 배웠다.

그래서 나는 '독학 전문가'로서 독학의 선배가 될 만한 경험을 갖고 있다고 자부한다.

공무원 시험을 위해 경제학을 혼자 공부했다

나는 대학과 대학원에서 모두 공학을 전공했고 사회에 나와 시작한 일에 직접적으로 도움이 되는 지식은 독학으로 익혔다(미국의 대학원에서는 경제학을 공부했기 때문에 '전부'는 아니지만).

도쿄대학 공학부 응용물리학과를 졸업했는데 공학부는 여름방학 때 기업 실습을 나간다. 4학년 여름방학에 한 대기업 전자기기 회사의 중앙연구소에서 한 달간 실습할 기회가 있었다. 그런데 그곳의 분위기를 보고 기업 연구소 일은 적성에 맞지 않는다고 실감했다.

그리고 '좀 더 시야가 넓은 일'을 하고 싶었다. 응용물리학과 지식을 활용하는 직업이 아니라 경제학을 활용하는 일을 하고 싶었다.

경제학 관련 일을 하려면 '경제학적 지식이 있다'는 것을 증명하는 증거가 필요하다.

그것을 획득하려면 공무원 시험을 보는 것이 가장 좋겠다고 생각해 1963년에 경제직 공무원 시험에 응시했다. 딱히 공무원이 되고 싶어서가 아니라 경제 공부의 증명서가 필요했기 때문이었다. 다음 장에서 정의하는 말로 하자면 '시그널(signal)'이 필요했다.

법학부와 경제학부에 학사 편입하는 것도 고려했는데, 그렇게 길을 돌아갈 만한 경제적인 여유가 없었다. 그래서 공학부 대학원에서 실험을 하고 논문을 작성하는 한편, 독학으로 경제학을 공부했다.

역방향 공부법

내가 한 것은 시험에서 고득점 획득을 목표로 한 공부였다. 경제학의 진리 탐구를 위한 것이 아니었다.

그런 공부를 위해 가장 먼저 구입한 것은 기출문제집이다. 과거에 출제되었던 문제들에 답할 수 있도록 공부했다. 다음으로는 경제학 백과사전을 구입해 문제 풀이에 필요한 부분을 찾아서 읽었다.

경제학 교과서를 구입한 것은 그다음이다. 교실에서 체계적으로 공부하는 것과는 완전히 반대인 역방향으로 공부했다.

이런 방법에 대해 '너무 공리적이고 합목적적이다', '진정한 학문은 그런 것이 아니다'라고 비판할 수도 있다.

물론 그런 면을 부정할 수 없다. 학자가 되는 것이 목적이라면 이런 방법은 결코 바람직하지 않다(내가 경제학을 전문적으로 공부하게 된 것은 미국 대학원에서 존경하는 교수의 강의를 듣고 감격한 후였다).

그러나 공무원 시험이 목적이라면 공리주의적이라고 해도 문제가 되지 않을 것이다. 교과서를 처음부터 읽는 것에 비하면 이 방법이 훨씬 효율적이고 게다가 (이것이 중요한데) 흥미를 잃지 않고 공부를 지속할 수 있다.

지금이라면 웹에도 상당히 의존했을 것이다. 그것이 효율적이다. 주의해야 할 것은 웹 기사에는 옥석(玉石)이 뒤섞여 있다는 것이다. 그래서 독학을 막 시작한 사람은 기사의 질을 평가하기 어렵다. 따라서 지금 독학을 한다고 해도 웹에 완전히 의존하지 않고 백과사전에 의존하는 것이 좋다.

결과적으로 그해 경제학 공무원 시험에서 나보다 성적이 좋았던 사람은 단 한 명뿐이었다.

물론 이것으로 경제학에 완전히 정통했다고는 생각하지 않는다. 나는 '시그널'을 얻기 위해 경제학을 이용했을 뿐이다. 그때 내가 집중한 것은 시험을 치르는 기술이었다.

그런데 이 과정을 통해 점점 경제학에 흥미를 갖게 되어 결과적으로 경제학 공부를 계속할 수 있게 되었다.

대학 졸업 후의
독학

프레젠테이션용 영어를 독학했다

영어도 독학으로 습득했다. 이것은 미국 유학을 마치고 일본으로 돌아온 후의 일이다.

유학 중에는 강의를 수동적으로 듣기만 해서 특별히 영어를 공부해야 할 필요를 느끼지 못했다(강의 같은 '정확한 영어'를 듣는 것은 그다지 어렵지 않다. 정작 어려운 것은 정확하지 않은 구어체 영어다).

그러나 유학에서 돌아와 대학에서 일하게 되면서 점점 사람들 앞에서 영어로 말할 기회가 늘게 되었다. 공동연구 발표와 토의, 국제회의에 참석해야 했고 강연회도 있었다.

그러므로 내가 공부해야 했던 것은 프레젠테이션용 영어였다. 학생 때는 수동적으로 듣기만 하면 되지만 회의에 참석하고 강연을 할 때는 상당히 오랜 시간 영어로 말해야 할 필요가 있다.

영어 문헌을 읽고, 강의를 듣고, 논문을 쓰는 것은 지장 없이 할 수 있는데, 사람들 앞에서 영어로 자신의 생각을 말하는 것은 꽤 어렵게 느껴졌다.

그런 상황에서 필요한 영어능력은 회화에서 필요로 하는 것과는 다르다. 혼자서 말할 경우에는 여러 개의 문장을 논리적으로 연결해 전체를 구성해야 한다. 회화처럼 간단한 문장을 단편적으로 말하는 것과는 완전히 다른 작업이다.

그래서 일단 '듣기' 훈련부터 시작했다. FEN(극동미군방송망, 현재의 AFN)을 들으며 시사영어와 말하기를 배웠다. 뒷 부분에서 소개하는 '지하철 공부법'을 생각해낸 것도 그때였다.

실제로 회의에서 사용하는 표현은 회의 현장에서 배웠다. 처음에는 회의 진행을 능숙하게 하는 일본인이 있어서 감탄했는데 머지않아 나도 곧잘 할 수 있게 되었다.

교사와 학생의 차이가 좁혀진다

나는 사회에 나와 관공서에서 일을 처음 시작했는데 미국 유학을 마치고 2년 후에 대학으로 자리를 옮겼다. 그 후 내 일은 학생들을 가르치고 논문과 책을 쓰는 것이 되었다.

이런 일을 하는 인간은 독학을 하지 않을 수 없다. 학생 때 공부한 지식이 일의 기초가 되는 것은 사실이지만 일을 하면서 직접적으로 도움이 되는 지식의 대부분은 이후에 독학으로 배운 것들이다.

그래서 대학에서는 교수도 학생도 공부를 하고 있다는 의미에서 본질적인 차이가 없다.

교수와 학생 사이의 지식 차이는 어느 정도일까?

옛날이라면 실제 나이만큼일 것이다. 즉, 20년 정도는 차이가 났을 것이다. 교수는 20년 전에 학교에서 공부하거나 연구를 해서 그것으로 지적인 축적을 쌓고 그 지식을 학생에게 가르쳤다.

그러나 지금은 그것만으로는 학생들을 가르칠 수 없다. 변화가 심한 분야는 특히 그렇다. 수년 전의 지식조차 금세 진부한 것이 되어버려 도움이 되지 않는다.

그래서 교사와 학생 사이의 지식의 차이도 점점 더 좁혀지고 있다(좁혀지지 않으면 안 된다).

독학으로 습득한 파이낸스 이론

그 후 나는 파이낸스(finance) 이론을 가르치게 되었다. 이것은 나에게 미지의 분야였다. 그래서 '할 수 있을지 어떨지'부터 판단해야만 했다.

먼저 미국에서 표준으로 사용하는 교과서를 입수해 내용을 훑어보았다. 그전까지는 내가 알고 있는 경제학 이론으로 해결할 수 있는 것이 대부분이었다. 즉, 파이낸스 이론에 대해서는 독학으로 해결할 수 있었다. 최첨단 내용은 전문 논문을 읽으면 된다.

이렇게 해서 파이낸스 이론에 대해 '가르치기 위한 공부'를 했다.

물론 그때는 '지금부터 공부하면 가르칠 수 있다'고 생각했을 뿐, 당장 강의가 가능했던 것은 아니었다.

원래 파이낸스 이론은 새로운 학문 분야로, 우리 세대에는 학생 시절에 배운 사람이 없었다.

그래서 나처럼 많은 사람이 독학으로 해결했을 것이다. 이처럼 새로운 분야는 가르치는 사람도 독학으로 공부할 수밖에 없다.

가상화폐 공부

2013년에는 비트코인(Bitcoin, 온라인 가상화폐)에 관심을 갖게 되었다. 그런데 이에 대한 자료는 오직 웹사이트에서만 얻을 수 있었다. 인쇄물로 된 자료도 없었다.

또, 일본어로 된 자료는 애당초 없었고, 있어도 거의 도움이 되지 않았다.

그래서 그때는 영어 웹사이트를 보고 지식을 얻었다.

2013년 당시, 웹에는 이미 방대한 양의 정보가 넘쳐났다. 그중에는 상당히 전문적이고 수준 높은 내용의 것들도 있었다. 일본어로 된 자료와는 질적으로 큰 차이가 있었다.

그 당시 일본에는 '비트코인은 가짜'라는 의견이 압도적으로 많았는데 영어로 된 문헌의 양과 질을 보고 '이건 진짜구나' 하고 깨달았다.

또, '블록체인(Blockchain, 가상화폐 거래 내역을 기록하는 장부로 신용이 필요한 온라인 거래에서 해킹을 막기 위한 기술로 사용된다)'이라는 구조가 더욱 중요하다는 것도 알게 되었다.

웹사이트를 만드는 방법도 독학으로

최근에는 홈페이지를 직접 만들고, 동영상을 제작하는 방법도 혼자 습득했다.

얼마 전까지만 해도 홈페이지 작성과 갱신은 전문가에게 맡겼는데 점차 직접 하지 않으면 안 된다는 사실을 깨닫게 되었다. 세부적인 수정 같은 것은 일일이 의뢰해도 바로 해결되지 않았다. 자기 생각대로 하려면 오로지 혼자 힘으로 할 수밖에 없다.

일반적으로, 모르는 것은 웹에서 찾아보면 답을 얻을 수 있다. 웹사이트를 만드는 IT 관련 사항에 대해서는 특히 그렇다.

대학에서 공부하는 것의 의미

대학에서 공부하는 것이 무의미하다는 것은 아니다. 오히려 대학 공부는 중요한 의미가 있다고 생각한다.

무엇보다 '대학에서의 공부는 이 정도구나'를 알 수 있다.

대학에 진학하지 않은(경제적인 이유 등으로 가지 못한) 사람이 갖게 되는 가장 큰 문제는 사실 '대학에서는 뭔가 멋진 교육을 하고 있고, 그것으로 전문가가 육성된다. 그래서 대학교육을 받지 않은 나는 전문가로 활동할 수 없다'는 편견을 스스로 갖게 된다는 점이다. 이것은 가지 않은 길로 인해 생기는 편견이다.

인간은 누구나 자신이 모르는 것을 두려워한다. 대학이라는 울타리 밖에 있는 사람에게 대학은 근접하기 어려운 지식의 전당이다.

그런 상태에서는 대학에서 교육을 받지 않는 한 자신은 지식 노동자 그룹에 낄 수 없다고 생각하게 된다.

그러나 사실은 그렇지 않다. 대학교육, 적어도 학부 차원에서 말하면 자신이 하겠다는 마음만 있으면 얼마든지 독학으로도 습득할 수 있다.

내가 공학부를 졸업하고 경제학을 공부한 것은 '독학으로 가능하다'고 예측했기 때문이다. 그리고 그런 자신감은 공학부에서 공부했다는 경험에서 생겨났다.

2장에서 소개한 독학의 선배들을 떠올려보자.

그들은 더 대단하다. 학교에서 고등교육을 받지 않았는데도 '시작하면 최고의 수준까지 올라갈 수 있다'고 생각했다. 그리고 그들의 생각은 결코 틀리지 않았다.

CHAPTER 4

독학은 새로운 일의
방식을 가능하게 한다

1

학력 취득에서
능력 취득으로

그동안 공부는 학력 취득이 목적이었다

우리 사회에서는 대학에 들어가는 것이 실질적인 공부의 목적이었다. 그것이 최종 목표였다. '일류대학에 들어가면 평생 편하게 지낼 수 있는 통행권을 얻는 것'이라고 생각했기 때문이다. 공부는 오로지 그 통행권을 얻기 위한 수단이었다.

왜 그렇게 됐을까?

대기업이 학력을 기준으로 신입사원을 선발했기 때문이다.

인기 있는 회사는 응모자의 수를 압축할 필요가 있다. 그럼 어떻게 해야 할까? 기업은 그 목적을 위한 수단으로 '학력'을 보았다. 특히 어느 대학을 졸업했는지에 따라 응모자의 능력을 판단했다.

인간의 능력을 손쉽게 나타내는 지표가 학력이라고 생각했기 때문이다. 통계학적으로 표현하면, '학력과 능력의 상관성은 높다'고 여겼다. 따라서 사람을 짧은 시간에 평가하기 위해서는 학력이 매우 효율적인 지표가 된다.

이와 같이 '본래 정확히 측정하고 싶지만 간단히 관찰할 수 없는 지표(이 경우는 '능력')를 나타내는 대리지표로 이용할 수 있는, 손쉽게 관찰할 수 있는 지표'를 '시그널'이라고 한다. 그동안 학력은 능력의 시그널로 이용되었다.

'대학 이름'은 중요한 시그널이었다

입사 선발에서 '어느 대학 출신인가'는 중요한 시그널이었다. 대학 성적과 함께 '어느 학부인가'도 문제가 된다. 그러나 많은 경우, 중요한 것은 대학 이름 그 자체다. 따라서 '졸업하는 대학의 이름을 획득하는 수단이 공부'가 된다.

결국 이것은 '지금까지의 사회에서는 대학에 입학한 이후의 공부는 그다지 중요하지 않았다'는 사실을 의미한다.

그래서 실제로 학생들은 일단 대학에 입학하면 거의 공부를 하지 않았다. 문과의 경우는 특히 그렇다. 입학하면 공부보다는 서클활동에 주력해 인맥을 쌓고 3학년이 되면 취업활동을 하는 것이 일반적인 유형이었다. 사법시험(우리나라는 1963년 제1회 사법시험이 실시되었고 2017년 12월 31일에 폐지되었다 — 옮긴이)을 치르는 극히 일부의 예외를 제외하면 법학부, 경제학부, 상학부(商學部), 문학부에서 대학에 들어간 후에도 공부를 계속하는 학생은 괴짜 취급을 받았다.

입사 후에는 공부의 중요도가 더 떨어진다. 시그널이 필요한 것은 입사할 때뿐이기 때문이다(이공계는 업무를 하면서 새로운 지식이 필요해져 공부를 할 수밖에 없는 경우가 많다. 그래서 이것은 주로 문과 계열에 관한 이야기다).

예를 들어, 노동시장은 유동적으로 기업 간 이동이 일반적이라면 입사 후에도 전직·재취직을 할 때 시그널이 필요하다. 그래서 입사 후에도 공부가 필요하다. 그러나 그런 일은 드물었다.

기업에서는 그 사람의 능력과 성과가 매일의 업무에서 상세히 관찰되고 평가된다. 따라서 시그널이 필요 없다.

입사 후 필요한 것은 일반적이고 보편적인 지식이 아니라 그 기업에서 요구되는 특수한 지식이다. 그 기업에서 일하기 위한 지식이 필요한데, 그렇다고 해서 그게 전부가 아니다. 사내 권력

관계와 인간관계에 무지해선 안 된다. 경우에 따라서는 그것들의 지식을 사용해 '사내 파벌의 어느 쪽에 설까?'를 판단하는 것 역시 매우 중요했다.

그래서 사회인이 된 후, 일반적인 공부는 거의 문제가 되지 않았다. 특히 관리자가 되면 전문가가 아닌 일반직으로서의 능력이 요구되는 경우가 많았다.

이런 일이 가능했던 것은 경제가 순탄하게 성장했기 때문이다. 그리고 경제사회의 기본 조건이 크게 변화하지 않았기 때문이다.

그러나 앞으로 사회에서 필요한 것은 입사 시험에 합격하기 위한 공부가 아니라 실력을 획득하기 위한 공부다. 물론 취업 활동에서 일류대학 졸업이라는 지위의 의미가 사라진 것은 아니다. 그러나 분명한 것은 이제 '학력만으로는 충분하지 않은 시대'가 되었다는 것이다.

2

시대가 빠르게 변하는 만큼
지속적인 공부가 필요하다

급속한 기술의 발달로 파괴자가 등장한다

왜 공부를 계속해야 할까?

그것은 세상이 계속 변하기 때문이다. '재교육의 필요성'이 자주 언급된다. 공부를 계속하지 않으면 사회에서 뒤처지기 때문이다.

《거울나라의 앨리스》에서 붉은 여왕은 "같은 장소에 있으려면 할 수 있는 한 최선을 다해 뛰어야만 한다"고 말한다. 앨리스는 '여왕이 이상한 말을 한다'고만 생각하는데, 지금 세상은 실제로 그렇게 됐다.

왜 세상은 변할까?

기술의 진보가 가속화하기 때문이다. 특히 IT에 의해 경제·사회는 크게 변화하고 있고 앞으로도 계속 변화할 것이다. 이제껏 기술 발달의 영향을 거의 받지 않았던 금융 부문도 핀테크(Fintech, IT를 응용한 금융 서비스)에 의해 크게 변화하고 있다. 산업혁명과 같은 변화가 일어나고 있다.

이로 인해 학창 시절에 배운 지식은 순식간에 진부해진다. 새로운 기술 중에는 파괴자(Distrupter)도 많다. 지금껏 해왔던 일이 기술의 발달로 소멸해버린다.

그렇기 때문에 자신을 다시 교육할 필요가 있다. 사회의 변화 속도가 빨라지면 계속 공부하지 않는 한 변화에 따라가지 못한다.

변화에 따라가려면 독학 외엔 방법이 없다. 한편으론 정보 기술의 발달로 여러 수단을 사용할 수 있게 되어 독학을 위한 환경은 크게 개선되었다. 기술의 진보는 독학의 필요성을 높인 동시에 독학을 쉽게 할 수 있게 만들었다. 이제 '배움'에 관한 조건이 크게 바뀌고 있다.

변화는 기회다

반면에 적절히 대처하면 현재 상황을 커다란 기회로 바꿀 수 있다.

변화가 심하다는 것은 미개척 분야가 넓어진다는 의미다. 아직 아무도 손을 대지 않았기 때문에 생각한 대로 발전할 수 있다.

사회가 크게 변하면, 반드시 또 다른 새로운 기회가 생긴다. 기회를 잡을 수 있다면 새로운 성장을 할 수 있다.

지금 세계는 정보 관련 기술에 의해 새로운 분야가 생겨나고 있다. 그 기회를 잡아야 한다.

부가가치가 높은 고도의 서비스 산업에서 중요한 것은 개인의 독창성을 이끌어낼 수 있는 근로환경이다. 창조성으로 만들어지는 혁신이 커다란 이익과 성장을 가져오기 때문이다.

애플(Apple)은 아이폰이라는 혁신적인 하나의 제품으로 이 정도의 성과를 이뤄냈다. 구글 성장의 기반에는 우수한 검색엔진이 있다. 페이스북은 새로운 형태의 사회적 교류 시스템 창설이다.

극소수 인간의 혁신적인 아이디어가 현대의 선도사업을 만들고 있는 것이다. 그래서 미국을 이끄는 첨단기술 기업은 다양한 궁리로 개인의 창조성을 이끌어내려고 부단히 노력하고 있다.

현대의 세계를 이끄는 기업은 하나 같이 아이디어와 혁신으로 성장한다. 그것은 'GAFA(Google, Apple, Facebook, Amazon)'로 불

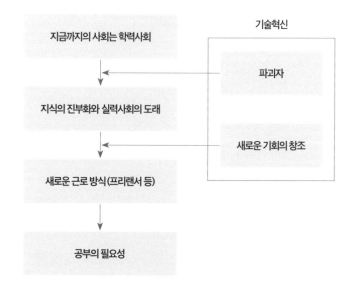

<표 4-1> 기술의 발달이 공부의 필요성을 높인다

리는 미국의 첨단기업에서 현저한데, 그들만이 전부는 아니다. 예를 들면 중국의 알리바바도 그렇다.

이상을 정리하면 〈표 4-1〉과 같다.

조직인으로서가 아니라 시장 가치가 있는 인간으로

지금까지 사람들은 조직에 대한 의존심이 높았다. 많은 이들이 가능한 한 대기업에 입사해 그곳에서 승진하는 그런 삶을 꿈꿨다. 물론 그것이 꼭 잘못된 방향은 아니다. 오히려 어떤 의미에서는 합리적이었다.

그러나 지금은 한 조직에 자신의 모든 것을 걸기에는 상당한 위험이 따른다.

먼저, 조직 자체가 언제까지 지속될지 알 수 없다. 그러므로 조직에 의존하기보다는 한 사람 한 사람이 '개인으로서의 시장가치(Market Value)를 얼마나 갖고 있나?'가 중요하다. '어느 조직에 속해 있나'가 아니라 '개인이 얼마나 능력을 갖고 있나'가 중요하다.

바꿔 말하면, 조직에 얽매일 필요성이 약해진다. 즉, '조직인에서 개인의 시대로'라는 변화 기류가 생겨나고 있다. 조직에서 상사의 지시대로만 일하면 되는 시대는 이제 끝났다. 하물며 상사의 기분을 맞추거나 아첨하면 출세할 수 있는 시대는 그야말로 옛날이야기가 되어버렸다.

변화에 대한 대응은 개인은 물론 국가 전체적으로도 필요하다. 변화에 맞게 산업구조와 경제구조를 크게 바꿔야만 한다.

경영자도 자기투자가 중요하다

자기투자가 필요한 것은 비단 젊은 세대만이 아니다. 경영자에게도 무척 중요하다.

경영자 중에는 대학에서 법률이나 경제를 공부한 사람이 많다. 그러나 그들의 지식은 실제 기업경영과 경제운영과는 거의 관계가 없다. 경영은 기업에 들어가서 경험을 통해 습득했다.

일본대학의 법학계 학부에는 '일에 필요한 고도한 지식과 기초를 가르친다'는 발상이 없었다. '대학이란 진리추구의 장으로, 실제적인 비즈니스와 관련된 것을 가르치는 곳이 아니다'라는 관념이 더 강했다.

그러나 그로 인해 전문적인 경영자가 생겨나지 못한 것은 사실이다. 그 결과, '기업의 성장은 사람의 성장으로 이루어진다'거나 '기업의 사회적 책임'이라는 얄팍한 말밖에 하지 못하는 사람이 많다. 또, 엉터리 경영법과 엉터리 투자법에 쉽게 속아 넘어간다.

한마디로, 기업의 나아가야 할 방향에 대해 정확한 판단력을 갖고 있는 사람이 많지 않다. 지금 가장 필요한 것은 경영자의 재교육이다.

인생 100세 시대는 공부를 계속하는 시대

장수 시대에는 지금까지와는 다른 인생의 새로운 단계가 출현한다. 100세 시대를 사는 인간의 생물학적 조건에서 보면 적당한 은퇴 연령은 70~80세가 되어야 한다. 또, 일하는 기간이 길어짐에 따라 근로 방식도 다양해져야만 한다. 그래서 선택지의 폭이 넓어져야 한다.

인생 100세 시대가 되었다. 이제 대학에서 배운 것만으로는 불충분하다. 젊을 때 받은 교육만으로는 너무 길어진 인생을 제대로 살아갈 수 없다.

린다 그래튼(Lynda Gratton), 앤드루 스콧(Andrew Scott)은 《100세 인생》에서 "인생 100세 시대에는 인생 설계를 다시 구성해야 할 필요가 있다"고 주장한다.

그렇게 하려면 계속해서 새로운 지식을 쌓아야 한다. 그것은 독학으로 얻는 것이 가장 효율적이다.

흔히 공부는 젊을 때 하는 거라고 생각하는 사람이 많다. 그러나 앞으로는 고령자의 독학이 중요한 과제가 될 것이다.

고령자는 그동안 쌓은 지식을 축적해두고 있기 때문에 젊은이에 비해 새로운 지식을 흡수해서 그것을 해석하고 활용하는 과정을 상대적으로 더 쉽게 할 수 있다.

3

프리랜서와 겸업을
목표로 한다

프리랜서의 시대가 왔다

새로운 기술의 활용으로 새로운 근로 방식이 확대되고 있다. 다
니엘 핑크(Daniel H. Pink)는 《새로운 미래가 온다》에서 미국 노
동인구 4분의 1에 해당하는 3,300만 명이 독립 자영업적인 근로
방식을 선택하고 있다고 지적한다. 캘리포니아주의 경우, 취업
자 세 명 가운데 한 명은 고용이라는 근로 형태를 취하고 있지 않
았다.

　그 후, IT가 발전하면서 조직에서 벗어나서도 일할 수 있는 조
건이 갖춰짐으로 인해 특히 미국에서는 프리랜서의 수가 급격히

증가하고 있다. 다니엘 핑크가 예언한 시대는 이제 현실이 되고 있다.

IT가 발전한 결과, 근로 방식에 관한 자유도가 높아져서 더 이상 한 곳에 모여서 일할 필요성이 약해졌다. 특히 고도의 전문가들에겐 더욱 그렇다. 이런 일을 알선하는 스마트폰 애플리케이션도 있다.

지금까지 프리랜서 직군은 농업과 소매업이 주를 이루었는데 전문직으로까지 확대된 것이다.

10년 후에는 미국 노동자의 절반 이상이 프리랜서가 된다

미국에서의 프리랜서 상황은 리서치 전문회사 에델만 인텔리전스(Edelman Intelligence)가 실시한 〈Freelancing in America : 2017〉이라는 조사 보고서로 알아볼 수 있다.

미국의 프리랜서 수는 2017년에 약 5,730만 명이었다. 프리랜서가 아닌 취업자는 약 1억 270만 명으로, 프리랜서가 미국 노동인구 1억 6,000만 명 가운데 약 35.8%를 차지한다(또, 아래에서 언급하듯 이 조사 보고서에서 프리랜서의 정의는 상당히 넓은데, 겸업과 부업으로 일하는 경우도 프리랜서 범위에 포함된다).

이처럼 미국의 취업 형태는 전통적인 것에서 크게 변화하고 있다.

이 보고서에서는 2027년 프리랜서의 숫자가 약 8,650만 명인 50.9%로, 전체 노동인구의 절반을 차지하게 될 것으로 예측하고 있다.

이 보고서는 프리랜서의 다섯 가지 유형에 대해 다음과 같이 구별했다.

① 독립계약자

고용되지 않고 일시적 또는 프로젝트 기준으로 스스로 일한다.

② 분산 노동자

기존 형태의 고용이나 프리랜서 일 등, 다양한 수입원에서 소득을 얻는다. 예를 들어, 주 20시간은 치과 병원의 안내 데스크에서 일하고 나머지는 우버(Uber, 스마트폰 앱으로 택시가 아닌 일반 차량을 배정받을 수 있는 교통 중개 서비스)로 운전을 하는 등이다.

③ 문라이터(Moonlighter)

기존 형태로 고용되어 일하고 그 외에는 프리랜서로 일한다. 예를 들어, 기업에 고용되어 웹 업무를 하지만 밤에는 다른 회사의 웹 프로그램 일을 하는 저녁 시간대의 부업자들이다.

④ 프리랜스 비즈니스 오너
프리랜서로 사업을 소유하고 몇 명의 사람을 고용한다.

⑤ 임시고용 노동자
기존과 마찬가지로 단일 고용주 밑에서 일하거나 그 신분
이 임시적인 형태다. 예를 들면, 데이터 입력 작업을 3개월
계약으로 하는 업무 등이다.

이 보고서에서 프리랜서의 정의는 상당히 포괄적으로, 피고용
자와도 중복된다. 그 가운데 순수한 프리랜서인 독립계약자의
정의로만 한정해도 약 1,920만 명으로, 전체 피고용자의 12%에
이른다.

이미 미국의 취업 형태는 전통적인 형태에서 상당히 변화해
있음을 알 수 있다.

2015년에 프리랜서가 벌어들인 소득은 약 1조 달러에 달했다.
이는 같은 해 미국의 임금 소득인 7.9조 달러의 12.7%에 해당한
다. 고용자 수와의 비율보다 수치가 적은 것은 프리랜서로서의
수입이 주가 아닌 부차적인 것에 머물고 있음을 나타낸다. 그럼

에도 이 수치는 꽤 높은 비율이다.

　프리랜서가 된 동기로는 '어쩔 수 없어서라기보다 적극적으로 원해서 그렇게 됐다'라고 응답하는 사람이 63%를 차지했다.

　프리랜서의 79%가 프리랜스(자유계약)라는 형태가 기존의 취업 형태보다 좋다고 응답했다. 그리고 50%의 프리랜서는 아무리 소득이 높아져도 프리랜스를 버리고 기존 형태의 일로 돌아가지는 않을 거라고 답했다.

　일본에서도 프리랜서는 증가하고 있다. 크라우드 소싱(Crowd Sourcing, 생산·서비스 등 기업활동 일부 과정에 대중을 참여시키는 것) 업체인 랜서스(Lancers)가 발표한 〈프리랜스 실태 조사 2018년판〉에 의하면, 프리랜스의 경제 규모가 처음으로 20조 엔을 넘었다. 이것은 3년 전에 비해 40% 정도 증가한 수치로, 2017년도 고용자 보수(약 274조 엔)의 7%에 해당한다. 또, 부업 프리랜스 인구는 약 744만 명, 경제 규모는 약 7조 8,280억 엔이었다.

창업과 프리랜스를 손쉽게 하는 조건의 변화

IT의 발전으로, 적어도 컴퓨터 파워에 관한 한 자본의 중요성은 크게 약화됐다. '핵심만 남기고 나머지는 외부에 맡기는 경영'이

가능해졌다. 현재는 웹서비스에 특화된 사업이라면 놀랄 만큼 저렴한 비용으로 창업할 수 있다. 그래서 벤처 캐피털(벤처기업의 창업과 정착을 위한 투자와 지원을 목적으로 운영되는 전문 투자기관)의 중요성은 이제 약화되었다. 아이디어만 뛰어나다면 고수익의 비즈니스가 얼마든지 가능해진 것이다.

이것은 대도시에서 멀리 떨어진 장소에 있는 사람, 중소기업, 개인에게 유리한 변화다.

이런 상황을 고려하면 창업을 생각하는 것이 좋다.

물론 창업에는 위험이 뒤따른다. 특히, 가족이 있는 경우라면 간단히 시작하지 못할 수도 있다.

그래서 생각할 수 있는 것이 프리랜서다.

《100세 인생》에서도 새로운 근로 방식으로 프리랜서로 일하는 것을 소개하고 있다.

고용되어 있어도 지금까지처럼 완전 고용이 아니라 파트타임, 자택근무, 에이전트 계약과 같은 취업 형태를 포함해서 생각할 수 있다.

겸업과 부업으로 준비해 정년 후에는 프리랜서로 일한다

이상과 같이 조직에서 독립한 근로 방식이 가능해지고 있다. 그러나 일본의 경우, 창업은커녕 프리랜서도 위험성이 높다고 생각한다.

미국과는 사정이 다른 면도 있다. 국내에서는 기업 간의 인재 유동성이 낮기 때문에 프리랜서만으로는 위험이 높을 수 있다.

완전한 프리랜서가 되어 생활을 유지하는 것은 이렇게 여러 의미에서 어려움을 내포한다. 프리랜서의 소득은 불안정하기 때문에 그것만으로 생활을 유지하기는 아직 힘든 상황이다.

나는 인터넷상에서 프리랜서에 관한 설문조사를 한 적이 있다. 그중에서 '프리랜서로 일할 경우 가장 큰 장애는 무엇인가?(복수 회답 가능)'라는 설문의 답변을 보면 '불안정한 수입(73%)'과 '충분한 수입을 얻을 수 없다(45%)'가 많았다. 또, '당신이 회사 종업원인 경우, 앞으로의 예정은?'이라는 설문의 답변에서는 '회사 근무를 계속하면서 프리랜서로 부수입을 얻고 싶다(47%)'가 많았다.

그래서 이런 환경이라면 프리랜서로 완전히 독립하기보다 처음에는 회사에서 일하면서 부업과 겸업을 함께하는 방법을 생각할 수 있다.

나도 대학이라는 특별한 직장에 있었던 덕분에 잡지 기고와 책을 집필하는 겸업을 계속해왔다. 그리고 겸업으로 해온 일을 지금까지 계속하고 있다.

즉, 나는 프리랜서가 되었다.

완전한 프리랜서가 아니어도 겸업·부업의 가능성은 높다

100세 시대에 한 조직에서 계속 일하는 것은 어려울 것이다. 조직에서의 일은 어느 시점에서 그만두고 이후에는 자신이 하고 싶은 일을 프리랜서로 하는 것이 좋다.

중요한 것은, 프리랜서로서의 일은 자신이 바라는 한 지속할 수 있다는 점이다.

많은 사람이 일정 나이가 되면 받을 수 있는 연금을 준비하고 있다. 그러나 그것만으로 노후생활을 유지하기란 쉽지 않다. 이런 사태에 대해 전문가들은 '60세까지 필요한 돈을 저축해야 한다'고 지적한다. 물론 그런 저축을 할 수 있다면 무척 이상적일 것이다. 그러나 현실은 그렇지 못한 경우가 많다.

그래서 현역시대에 부업을 준비해서 정년 후에는 그것을 확대하는 방법을 생각해두는 것이 좋다. 이렇게 하면 퇴직 후에도 할 일이 없는 사태에 맞닥뜨리지 않고 보람을 찾을 수도 있어 인생의 활력이 된다.

또, 일본은 연금수급 연령이 되어도 급여소득이 있을 때는 재직노령연금제도에 의해 연금이 감액 또는 중단된다. 그러나 프리랜서로 일하는 잡소득은 계산되지 않기 때문에 연금 지급개시 연령이 되면 연금을 전액 받을 수 있다. 이런 점에서도 조직에만 의존해서 일을 계속할 것이 아니라 조직에서 독립해 일하는 것이 좋다.

겸업을 인정하는 회사가 늘고 있다

일본에는 겸업을 금지하는 회사가 많았다. 80%가 넘는 기업이 부업을 인정하지 않았다.

이것은 모든 것을 기업 내에서 처리하려는 일본 기업의 구조에 큰 원인이 있다.

그런데 최근에는 상황이 변하고 있다. 일본에서도 '부업 해금'의 움직임이 일고 있다.

〈일본경제신문〉(2018년 4월 5일)을 보면, 마루베니(丸紅, 일본의 종합상사)는 4월부터 전 직원을 대상으로 근무시간 중 15%를 통상

업무에서 벗어나 '사내부업'을 하도록 의무화하고 있다. 부서를 횡단하듯이 사내 부업을 하여 신사업 창출로 연결하는 것이다.

구글은 이미 이런 시스템을 도입하고 있다. '20% 룰' 제도를 도입해 업무시간의 20%를 주어진 업무 외에 자신이 좋아하는 프로젝트에 사용할 수 있게 했다. 그것으로 새로운 아이디어가 생겨 기업 발전에 공헌하기를 기대한 것이다.

일본에서는 미쓰이물산(三井物産)이 담당업무 외에 일정시간을 쓸 수 있는 구조를 일부 도입하고 있다.

로토제약은 2016년 4월부터 직원의 부업금지를 완전히 해제했다. 본업에 지장을 주지 않는 범위에서 주말과 퇴근 후에 사외에서 일할 수 있다. 또, 닛산 자동차, 후지쓰(富士通), 카오(花王)는 이전부터 부업을 인정하고 있다. 소프트뱅크는 2017년 11월에, 코니카 미놀타(일본의 광학기기 제조사)는 같은 해 12월에 각각 부업을 인정했다.

이런 움직임은 은행에도 확산되고 있다. 신생 은행은 2018년 4월부터 규모가 큰 은행에서 처음으로 겸업과 부업을 인정했다. 정직원, 촉탁직원을 대상으로 본업과 병행해 다른 업종의 일을 할 수 있도록 했다. 영어를 잘하는 사람이 번역 일을 하는 것 등을 생각할 수 있다.

회사라는 틀을 초월해서 쌓은 기량과 인맥은 기업의 신규 사업 참여로 이어질 수 있다. 또, 직원의 다양성이 커지면 비즈니스와 다각화, 신기술 응용의 가능성이 넓어진다.

회사로서도 직원들의 겸업으로 외부세계와 연결되고, 그것이 회사의 새로운 비즈니스 발전으로 이어질 수 있다고 생각한 것이다. 이제는 더 이상 한 조직에서만 일하는 시대가 아니다.

이런 움직임을 활용해 새로운 영역을 개척하고 퇴직 후에는 그것을 자기 일로 해나가는 인생설계를 할 수 있다.

일본 정부도 '근로 방식 개혁'으로 프리랜스를 적극 지원하려 하고 있다.

인터넷을 통해 서비스를 제공한다

IT, 특히 인터넷의 발전은 프리랜서와 겸업의 가능성을 크게 증대시킨다.

프리랜서로 일하기 위해서는 인터넷으로 정보를 발신해야 한다. 자신의 블로그를 개설하거나 홈페이지를 만드는 것이 좋다. 따라서 이런 것들에 대해 공부해야 하는데, 이 부분도 역시 독학이 가장 효율적이다.

이런 종류의 정보는 웹에서 가장 얻기 쉬운 정보다. IT 관계 전문가는 웹에서 쉽게 정보를 발신할 수 있기 때문이다. 필요한 과제를 검색하면 해결책을 얻을 수 있다.

어떤 서비스를 제공해야 하는지는 사람마다 다르다. 세상에는 다양한 사람이 사는 만큼 다양한 서비스를 필요로 한다.

자신이 잘하는 것, 다른 사람이 할 수 없는 것을 제공할 수 있으면 가장 좋다. 그렇게 하기 위한 수단은 많다. 유튜브에 올리는 것도 한 방법이다.

웹에서 사람들의 상담을 받는 것도 가능하다.

지금 하고 있는 일과 관련된 서비스도 좋을 것이다. 예를 들어, 부동산이나 금융관계 일을 한다면 부동산 매매나 유산상속, 혹은 사업승계에 관해 조언해줄 수 있다. 직업선택, 육아, 원예 같은 취미에 대한 조언과 자기역사 쓰기를 도와줄 수도 있다.

인생 상담도 가능하다. 개인적인 신상 문제를 상담해줄 수도 있을 것이다.

중개 서비스나 출장 서비스도 생각할 수 있다.

관광 가이드로 지역 활성화 프로젝트를 시작해보는 것도 좋다. 또, 커뮤니티 센터에서 독서 안내나 문학강좌를 제공한다. 이것들을 일로서 친구와 공동으로 시작하는 것이다.

이런 일들 중에는 소득으로 이어지지 않는 것도 있을 수 있지만 보람을 느낄 수 있어 남다른 의미의 업무가 된다. 그래서 항상

사회와 이어져 활력 있는 생활을 실현할 수 있다.

프리랜서로 일하고 싶으면 이런 발신을 통해 자신의 존재를 선언하는 것은 일을 얻는 데 큰 도움이 된다.

CHAPTER 5

왜 학교나 학원이
아니라 독학이 좋을까?

사회인 대상의 학교나 학원은 비즈니스

📖

비즈니스로서의 교육

이번 장에서는 학교나 학원에서 배우는 것과 독학을 비교해서 각각의 장단점을 검토해본다.

이제는 사회인의 공부를 위해 운영되는 곳들이 많아졌다. 영어 회화 스쿨, 자격증 취득을 위한 학교, 통신교육, 컴퓨터 교실, 각종 학원, 사회인 교양강좌 등등이다.

갈수록 이런 학교나 학원에서 배우려는 사람들이 많아지고 있다.

나는 이것들을 무조건 부정하지는 않는다. 단, 처음에 주의해야 할 것은 이런 곳들은 비즈니스로 운영된다는 사실이다.

이들은 수업료를 벌기 위해 문을 여는 영리사업체들이다. 그래서 공부하고 싶은 사람의 요구에 제대로 부응할지 어떨지 의문이 든다. 실제로 이들 사업이 제공하는 교육에는 그다지 도움이 되지 않는 것들이 많다.

비즈니스인 만큼 그 효과에 대해 과대선전하는 면도 있다. 이 점에 충분히 주의해야 한다.

또, 직업을 갖는 것과 연결되어 있는 곳들도 있다. 이것은 길드, 즉 협회의 학교다. 이런 제도적인 제약이 있는 경우는 어쩔수 없다. 이것에 대해 이번 장에서 자세히 설명하기로 한다.

왜 교실에 갈까

자격 취득을 위해 공부할 경우, '전문학교'나 '통신강좌'를 이용하는 사람이 많다. '자격시험을 보려면 아무래도 거기에 맞는 학교에 다닐 필요가 있고 독학으로는 무리'라고 생각하는 사람이 많다.

전문학교에 가는 것은 '교실에 앉아 강의를 듣고 몇 시간 후 교실을 나올 때면 저절로 능력이 생긴다'고 생각하기 때문이다. 혹은 '이미 많은 사람이 이 강좌를 듣고 합격했으니까 벨트 컨베이어에 올라탄 것처럼 나도 그들처럼 하면 합격한다'고 막연히 생각하기 쉽다.

물론 강의를 듣는 것은 효과가 있을 것이다. 그것을 부정하지는 않는다. 그러나 문제는 비효율적인 방법이다. 과연 비싼 수강료를 지불하고 귀한 시간을 내서 강의를 듣는 만큼의 효과가 있을까?

지불한 비용에 상응하는 효과를 얻는다고 단언할 수 없다. 반대로, '독학은 공짜라서 질이 나쁘다'고도 말할 수 없다.

공부는 독학으로도 할 수 있다. 그렇게 하면 자기 필요에 맞는 공부만 할 수 있어서 효율적이다.

영어회화 교실에 가는 것은 무의미하다

이런 의견도 있을 것이다.

'독학을 하려고 해도 무엇을 공부해야 할지 모르겠다', '어떻게 공부해야 할지 모르겠다', '직접 커리큘럼을 만들 수 없다.'

그래서 학교나 학원에 간다고 생각하는 사람이 많다.

그러나 각종 학교가 제공하는 커리큘럼 자체가 문제인 경우가 많다. 영어회화 학교나 학원, 컴퓨터 교실에 대해 예를 들어본다.

비즈니스에서 영어를 사용할 경우, 그 분야의 전문용어를 알아야 한다. 전문용어를 알면 그것을 나열만 해도 어느 정도 소통이 가능하다. 그리고 전문분야 용어에 대해서는 일상회화에서 사용하지 않는 것을 포함해서 깊이 있게 알아두어야 할 필요가 있다.

이처럼 필요로 하는 영어는 개인에 따라 크게 다르다.

그런데 영어회화 학교, 학원에서는 다양한 사람을 상대로 한다. 그래서 '안녕하세요, 건강하세요' 하는, 누구나 사용하는 표현을 넓고 얕은 수준으로 교육한다.

이래서는 비즈니스 영어를 제대로 배우고 말할 수 없다.

비즈니스 영어를 배우려면 그 분야의 문헌을 읽거나 그 분야의 텔레비전 프로를 시청하면서 적절한 표현을 익혀야 한다(이 부분에 대해서는 8장에서 더 자세히 알아본다).

컴퓨터 교실 수강은 무의미하다

컴퓨터의 기능은 다양하다. 그러나 사람에 따라서는 기능 전체가 아니라 극히 일부 기능을 필요로 한다. 그래서 그 기능만 알면 되고, 그것에 대해서는 깊이 알아두어야 할 필요가 있다.

그런데 컴퓨터 교실은 많은 사람을 대상으로 하기 때문에 전체 기능에 대해 모두 설명한다. 그러나 시간적인 제약 때문에 개개의 기능에 대해서는 필요한 만큼 깊이 있는 설명을 할 수 없다. 즉, 넓고 얕은 설명이 되고 만다.

그런 강의는 들어봤자 시간낭비다. 강의 내용을 충분히 이해한다고 해도 생각대로 컴퓨터를 이용하지 못할 것이다.

키보드를 조작해 웹 기사를 검색하는 방법만 익히면 나머지는 직면하는 문제에 대해 웹에서 검색하면 된다. 대부분은 문제에 대한 답을 얻을 수 있다. '배우기보다 익숙해져라'는 말은 바로 이것을 가리키는 말이다. 이것은 독학에 의한 컴퓨터 습득법이다.

나는 사용설명서나 보조교재(Tutorial)를 읽은 적도 없다.

학교 교육과 사회인 교육의 차이

지금까지 말한 것은 영어와 컴퓨터 학습에만 국한되지 않는다. 사회인이 되어서 하는 모든 공부에 대해 적용된다.

사회인의 공부에 대해서는 사람에 따라 필요로 하는 지식이 다르다. 또, 달성하고 싶은 목적도 다르다. 일반적인 사회인 강좌에서 얻을 수 있는 지식으로는 업무에 도움이 되지 않는 경우가 많다.

교육은 그 사람의 지식이나 이해 정도에 따라 내용을 바꿔야

하는데 실제로는 그것이 쉽지 않다. 그래서 공통의 내용이 된다. 그로 인해 너무 쉬워서 미흡하거나 혹은 너무 어려워서 좀처럼 따라가지 못한다.

길드의
일부로서의 학교나 학원

독학이 쉬운 분야와 어려운 분야

독학의 용이함은 분야에 따라 다르다. 독학하기 쉬운 분야, 어려운 분야가 있다.

　대학 학부로 말하면 법학부, 경영경제학부, 상학부, 문학부는 독학하기 쉬운 분야다. 옛날에 비해 독학 환경이 크게 개선되었다. 회계와 파이낸스는 구체적인 어구에 대해 웹 검색으로 상당 부분까지 공부할 수 있다.

　수학도 독학하기 쉬운 분야다.

　이상은 '좌학(座學)'으로 공부할 수 있는 학문이다.

그에 비해 의학은 독학으로는 습득할 수 없다. 공학도 상당히 어렵다. 이 분야의 공부를 하려면 설비가 필요하기 때문이다.

실기가 있는 분야도 어렵다. 스포츠, 음악, 미술, 춤, 연극 등이다. 나는 이런 분야에 대해서는 잘 모르지만, 아마 일대일로 배울 수밖에 없을 것이다. 아니면 학교나 교실에 다니면서 성실하게 배우지 않으면 안 된다.

길드에 의한 직업 면허와의 싸움

몇몇 분야에서는 학교제도나 도제제도(徒弟制度)가 직업 면허와 직결된다.

전형적인 예가 중세 유럽의 길드(guild, 중세 유럽의 동업자 조합)제다. 그중에서도 가장 강력했던 것이 교회와 의학계였다.

이들은 사용하는 언어로 라틴어만 인정해서 일반 사람들이 근접할 수 없는 세계를 형성했다.

교회에서는 라틴어가 가능한 사람만 성서를 읽을 수 있었고 신의 가르침을 퍼뜨릴 수 있었다. 《성경》은 수도원의 성직자가 라틴어로 베껴 썼다. 《성경》은 라틴어로 쓰여 있는 것만 인정되어서 라틴어 지식이 없는 일반 사람들은 읽을 수조차 없었다.

그래서 라틴어를 구사할 수만 있으면 기독교 세계에서 출세할 수 있었다. 신학교는 교회 사회에 들어가기 위한 학교로서의 역할을 했다.

《적과 흑》의 주인공 쥘리엥 소렐은 하층계급 출신이었던 탓에 사제가 되기 위한 제도에 들어설 수가 없었다. 그러나 이후에 라틴어를 무기로 성직자로 출세한다.

의학 분야에서는 대학 의학부가 의사가 되기 위한 등용문 역할을 했다.

발레도 학교제도가 포함되어 있다. 1730년대 러시아 상트페테르부르크에 설립된 왕립무용학교가 유명하다. 이 학교는 현재 세계 최고의 발레학교로 평가받는 러시아 국립 바가노바 발레 아카데미의 전신이다.

의학과 발레학교의 존재에는 필연성이 있다. 교실에서가 아니면 얻을 수 없는 기능이 전해지기 때문이다(발레스쿨의 경우에는 선발 기능도 있다). 의학과 발레를 독학으로 습득하기는 거의 불가능하다.

또, 병원이나 극장과 학교가 연결되어 있어서 학교를 졸업하지 않는 한 그 세계에서 직업을 가질 수 없다. 이것들은 현대사회에 남아 있는 최강의 길드제도라고 할 수 있다.

군대의 사관학교도 군대라는 거대한 길드의 간부 후보생 양성 학교라고 할 수 있다.

인쇄술의 발달로 도제제도 붕괴

중세 유럽의 도제제도도 독학을 금지하는 제도였다. 직인(職人)은 각 직종마다 길드에 속해 길드 내부에서 교육을 받았다. 길드는 그 지식을 길드 내부에만 전승하고 비밀유지로 기술을 독점했다. 여러 기술은 스승으로부터 구전으로 전해졌고 문장화되지는 않았다.

길드의 직인은 아들이 아버지의 직업을 잇지 못할 경우, 친척 외에는 기술을 가르칠 수 없도록 되어 있었다.

가령, 다른 방법으로 기술을 배워도 그것을 이용해서 일을 하는 것은 불가능하다. 이렇게 해서 길드는 지식을 독점하는 것으로 사업을 독점했다.

그러나 15세기에 근대적인 인쇄 기술이 발명되어 지식전파에 관한 기술이 크게 바뀌었다. 그것으로 지식을 자력으로 획득하는 것이 가능해졌다. 결국 길드에 의한 지식 독점과 사업 독점은 차례로 붕괴했다.

현대사회에서는 인터넷의 발달로 마음만 있으면 무엇이든지 독학으로 배울 수 있다. 최첨단 과학과 기술도 배울 수 있다.

시그널로서의 자격은 의미가 있을까?

현대사회에도 길드와 유사한 것이 있다. 바로 '자격증'이다.

자격이 직접 의미를 갖는 것은 변호사, 공인회계사, 세무사 등 자격증을 취득한 사람에게만 그 일이 인정된다. 독립해서 개인으로 일할 경우, 이런 자격증이 중요한 의미를 갖는다.

물론 자격의 의미를 특정 직업에 종사하기 위한 조건으로 한정해서 생각할 필요는 없다. 시그널이라고 생각하면 어떤 자격이든 의미가 있다(4장에서 설명했듯 '시그널'이란 능력을 나타내는 대리지표로 이용된다. 쉽게 관찰할 수 있는 지표다).

자격은 시그널로서 기능한다. 특히 전직 시에는 유효한 시그널이 된다. 초대면인 상대에게 자신의 능력을 증명하기에 상당히 유용한 수단이 되기 때문이다.

학교가 아니면
안 되는 것

학교가 효율적인 경우

학교가 아니면 안 되는 것이 있다. 혹은 학교에서 배우는 것이 독학보다 효율적인 경우도 있다.

실제로 기초교육은 어느 나라든 학교 교실에서 여럿이 받는 것이 보통이다.

이렇게 하는 이유는 두 가지다.

첫째, 공부를 강제할 필요가 있기 때문이다.

둘째, 학생들 간의 교류, 정보교환, 경쟁이 중요하기 때문이다. 학교 교육은 인간이 사회생활을 시작하는 최초의 자리를 제공한다.

고등교육도 학교가 뛰어난 경우가 있다. 이 부분에 대해 지금부터 설명하기로 한다.

대학의 효용은 인적교류

대학은 '배움'의 장이다. 그러나 대학이 갖는 기능은 그것만이 아니다. 학생 상호 간의 정보교환도 매우 중요한 기능이다.

대학의 효용은 같은 목적의식을 가진 사람이 주위에 있다는 것이다. 같은 문제의식을 가진 사람들이 한곳에 모이면 그곳에서 이루어지는 정보교환은 중요한 기능을 할 수 있다. 스터디 그룹이 좋은 것은 자극과 격려가 되기 때문인데, 문제는 지속하기가 쉽지 않다. 대학이 좋은 것은 그런 환경이 준비되어 있기 때문이다.

학생들 사이의 정보교환은 새로운 비즈니스를 시작할 때 중요한 의미를 갖는다.

미국 실리콘밸리의 많은 벤처 기업이 스탠퍼드대학으로부터 생겨났다. 그것은 스탠퍼드대학(혹은 대학원)에서 '벤처 비즈니스 창업 방법'이라는 강의를 했기 때문이 아니다. 학생들(혹은 대학 스태프)이 같이 일하고 정보교환을 했기 때문이다.

독학에서는 이런 효과를 기대하기 어렵다.

독학을 선택하면 그런 기회는 따로 찾아야 한다.

조직이 외부에 폐쇄적인 사회의 경우라면 이것은 특히 중요하다. 회사인간이 되어 24시간 회사에서 시간을 보내면 내부에서만 정보교환을 하게 된다. 그럼 바깥 세계에서 일어나는 일에 관한 인식이 크게 왜곡될 가능성이 있다.

이런 상황을 타파하기 위해서는 외부 사람들과의 모임이 중요한데 단순히 모임을 갖는 정도로는 안 된다. 같은 문제의식을 공유하는 것이 중요하다.

그 외의 측면에서도 대학이라는 사회적 기관의 존재 의의가 사라졌다고는 생각하지 않는다.

왜냐하면 교수와 학생의 소통, 학생과 학생 사이의 소통에는 직접 대면할 수밖에 없는 경우가 많고, 웹상에 대학을 만들어도 많은 것을 기대할 수 없기 때문이다.

예를 들어, 웹상에 만들어진 대학은 질문을 했을 때 교수의 답을 실시간으로 들을 수 없다.

물론 대학의 모든 측면이 지금까지 해왔던 그대로 해도 좋다고는 생각하지 않는다. 인터넷의 확대에 따라 대학 기능이 변화하는 것은 인정하지 않을 수 없다.

새로운 대학 MOOCs

MOOCs(무크. 온라인 대중 공개강좌)라는 것이 있다. 이것은 'Massive Open Online Courses'의 약자다.

인터넷에서 누구나 무료로 수강할 수 있는 대규모 오픈 강의다. 조건을 충족시키면 수료증이 교부된다(유료인 경우도 있다).

주로 하버드대학, 스탠퍼드대학 등의 미국 대학이 하고 있다. 도쿄대학은 2013년 9월에 코스를 시작한 이래 몇몇 코스를 제공하고 있다. 나가오카 기술과학대학과 오사카 산업대학 등의 공학계 대학도 시작했다. 방송대학도 온라인 대중 공개강좌를 하고 있다. 2013년 11월에는 이들을 종합하는 일본오픈온라인교육추진협의회(JMOOC)가 발족됐다.

일주일에 봐야 할 강의가 5~10개 공개된다. 각 강의는 10분 정도의 동영상으로, 강의가 끝나면 확인을 위한 테스트가 제시된다. 일주일 분량의 학습이 끝나면 과제가 제시되기 때문에 제출 기한 내에 제출해야 한다. 이것을 4주 반복하는데, 마지막에 종합과제를 제출하면 완료된다.

주별 과제와 종합과제의 전체 평가가 일정한 수료 조건을 충족할 경우에는 수료증을 받을 수 있다. 수강생도 강의 내용을 평가한다.

미국에서는 상당히 유용한 내용의 강의가 제공된다. 그러나 모국어로 수강이 가능한 MOOCs의 경우 적어도 현재 상황에서는 불충분하다고밖에 할 수 없다.

연속된 강의 형식의 동영상으로는 애플의 아이튠즈(iTunes) U도 있다. 이것은 애플 스토어(Apple Store)에서도 무료로 제공된다.

또, 유데미(Udemy)라는 웹 서비스도 있는데 유료 서비스다. 내용은 IT 관련이 많다.

지금까지 말했듯이 독학에서는 커리큘럼을 만드는 것이 어렵다는 점이 문제가 된다.

책의 경우는 계통을 세워 서술해야 하기 때문에 실용적으로는 거의 중요하지 않은 부분도 써두지 않으면 안 되는 사정이 있다.

그에 비해 교실 안에서는 무엇이 중요한지 집중적으로 말해줄 수 있다. 그러나 이런 점은 MOOCs 같은 온라인 강좌라면 실제 교실과 똑같이 강조할 수 있다.

직접 커리큘럼을 만드는 것이 어렵다고 생각하는 사람은 MOOCs 같은 온라인 강좌를 이용하는 것이 좋다.

CHAPTER 6

독학을
지속시키는 방법

1

지속을 위한
테크닉이 중요

지속은 힘이 된다

독학에서 최대의 적은 작심삼일이다. 혼자 공부하면 어쩔 수 없이 나태해진다.

어떤 공부든 지속이 필요한데 독학은 특히 그렇다.

지속하는 것은 힘이 된다. 괴테는 다음과 같이 말했다.

> "연습, 연습, 연습, 연습이 대가를 만든다. 하늘에서 뚝 떨어진 대가는 없다."
>
> (Übung, Übung, Übung. Übung macht den Meister. Es ist

noch kein Meister vom Himmel gefallen.)

그럼 어떻게 해야 공부를 지속할 수 있을까?

이것은 공부에서 가장 필요하고 중요한 기술 가운데 하나다. 지속을 위한 방법론은 공부의 중요한 노하우다. 그런데 학교에서 는 좀처럼 그런 방법을 가르쳐주지 않는다. 참 이상한 일이다.

지속을 위해 필요한 네 가지

공부를 지속적으로 하기 위해 필요한 것은 다음의 네 가지다.

① 확실한 목적을 갖는다.
② 강한 자극제를 갖는다.
③ 공부의 즐거움을 활용한다.
④ 시간을 확보한다.

'공부해야 한다고 생각은 하지만 오래가지 못한다'는 사람들 이 많다. 이렇게 되는 것은 위의 조건이 충족되지 않아서다.

'무조건 공부해야 한다. 공부하지 않으면 뒤처진다'고 조바심을 내서 이렇게 된다. 공부는 조바심을 내면 지속할 수 없다. 특히 사회인의 경우는 일 때문에 그렇게 된다.

이럴 때는 먼저 목적을 확실히 하고 강한 자극제를 가질 필요가 있다.

그렇게 해도 '공부가 고통'이라면 지속할 수 없다. 흔히 자기관리의 필요성을 언급하는데, 이래서는 '무리한 일을 계속해서 하지 않으면 안 되는' 꼴이 된다. 공부를 강요하면 공부가 싫어져서 지속할 수 없다. 싫은데 억지로 해봤자 능률은 오르지 않는다.

그런데 사실, 지식을 쌓는 공부는 즐겁다. 그것을 실감할 수 있는 시스템을 만들자.

사회인에게는 공부 시간의 확보가 중요한 동시에 어려운 일이다. 바쁜 생활 속에서 어떻게 공부 시간을 확보할까? 공부 시간을 확보하기 위해서는 지금까지의 생활양식을 다시 확인해 보아야 한다.

이상을 정리하면 〈표 6-1〉처럼 된다.

지금부터는 표에 표시한 각 항목에 대해 구체적인 방법을 소개한다.

실제 예에서 배울 수 있는 것	구체적으로 해야 할 것	해야 할 것	원리	참조
• 프랭클린 • 링컨 • 카네기 • 슐리만	• 할 수 있는 것과 할 수 없는 것을 구별한다. • 중기적인 목표 를 세운다.	• 목적을 확실히 한다. • 명확한 자극제 를 갖는다 (입신 출세도 좋다).	• 목적과 자극제 를 확실히 하지 않으면 공부는 지속하지 못하 고 작심삼일로 끝난다.	• 목적과 자극제 를 확실히 한다.
• 페르마	• 공부해서 지식 을 늘린다.	x	• 인간은 원래 호 기심이 강하다. • 지식이 늘면 호 기심은 더욱 커 진다.	• 공부의 즐거움 을 활용한다.
• 슐리만	• 책을 쓴다. • 블로그에 글을 쓴다.	• 사람에게 가르 친다.	• 공부할 수밖에 없는 환경을 만 든다.	• 가르치는 것으 로 배운다.
• '페르마의 마 지막 정리'를 증명한 수학자 와일스	• 골프와 교제는 적당히 한다. • 파티는 일찌감 치 끝낸다. • TV를 보지 않 는다. • 출퇴근 시간대 를 활용한다.	• 낭비 배제.	• 충분한 시간이 확보되지 않으 면 공부는 할 수 없다.	• 공부 시간을 확 보한다.

<표 6-1> 독학을 지속하기 위해 필요한 사항

2

독학을 계속하려면
구체적인 목적이 필요하다

공부하는 목적은 무엇일까?

'공부를 한다'고 할 때, 그 목적은 무엇일까? 단순히 지식을 얻고 싶다, 교양을 쌓고 싶다는 것만으로는 추상적이고 막연하다. 그 런 이유로는 공부를 시작할 수는 있어도 오랜 시간에 걸쳐 공부 하는 노력을 이끌고 갈 수 없다. 그 정도의 목적으로 바쁜 생활 속에서 어렵게 시간을 내서 공부를 지속하기는 무척 어려운 일 이다. 쉽게 좌절해버릴 위험이 더 크다.

목적이 추상적이어서는 안 된다. 지속하려면 구체적이고 명확 한 목적을 가져야 한다. 무엇을 알고 싶은가? 어떤 지식을 습득하고 싶은가? 어떤 능력을 갖고 싶은가? 무엇을 어디까지 할 것인가?

이처럼 목적을 확실히 하고 거기에 맞추도록 역방향으로 공부한다('역방향 공부법'에 대해서는 3장에서 설명했다).

내가 공부하는 목적은 미래에 소득을 얻기 위해서인가?

자격을 취득하기 위해서인가?

아니면 지금 하는 일에 관한 최신 정보를 얻기 위해서인가?

혹은 나의 경험을 많은 사람에게 알리려는 것인가?

목적은 최대한 명확하고 구체적이어야 한다. 상상해서 그릴 수 있어야 한다.

예를 들어, 그것을 활용해서 퇴직 후 수입원을 확보한다. 회사에서 새로운 프로젝트를 제안해 시작한다. 직장 일을 하면서 부업을 시작한다. 잘 되면 창업한다, 하는 식이다.

이런 자극제가 있으면 도중에 좌절하지 않는다.

'할 수 있는 것과 할 수 없는 것'의 구분

다음으로는 '할 수 있는 것과 할 수 없는 것'을 구분해야 한다. '노벨상을 받을 수 있는 능력 획득'을 실현하기는 어렵다. 노력해도 성공하지 못할 확률이 크다. 그러나 자격시험이라면 많은 사람이 합격하니까 열심히 노력하면 가능할 것이다.

목표 수준은 너무 낮으면 의미가 없고 반면에 너무 높아도 허풍을 떠는 것이 된다.

'가능한가, 불가능한가'의 구분은 매우 중요하다. 가능하다는 것을 알면 쉽게 좌절하지 않는다.

'구체적으로 어떤 수준인가'는 사람에 따라 다르다. 또, 어디가 적당한 수준인지 객관적으로 판별하는 방법도 없다. 직관으로 판단할 수밖에 없다. 단, 지도자나 선배가 해온 것은 큰 참고가 된다.

5장에서 보았듯이 무엇이든 독학으로 할 수 있는 것은 아니다. 악기 연주나 춤은 자기 식으로 열심히 독학해도 별 소용이 없다.

또, 규제가 있어서 독학이 불리한 경우도 있다. 그 전형적인 예가 자동차 운전면허 취득을 위한 공부다.

교습소에 다니지 않으면 운전면허를 취득하기 어려운데 독학으로 운전을 배워도 시험에 통과하기는 어렵다. 운전면허 제도는 국내에서 사실상 독학을 금지하는 제도인데, 합리적인 의미는 없다. 실제로 미국에서는 자택에 있는 자동차로 가족에게 운전을 배우는 것이 보통이다. 일본의 자동차 운전면허 제도는 퇴직 경찰관을 위한 고용창출 장치에 불과하다.

장기 목표뿐 아니라 중기 목표도 정한다

목표에 대해 장기 목표와 중기 목표를 구별하자. 예를 들어, 전문적인 기능을 습득해 생계를 꾸려가는 것을 목적으로 했다고 하자. 이것은 장기적인 목표다.

그것을 실현하려면 어떻게 해야 할까? 이것이 중기 목표로 목표는 수년 내(가능하면 2~3년 내)에 달성할 수 있는 것이 좋다.

계획이 지속되지 못하는 것은 장기 목표만 생각하고 중기 목표가 없기 때문이다.

자격시험을 중기 계획 목표로 이용할 수 있다. 영어라면 토익시험에서 일정 점수를 받는 것을 목적으로 한다. 또는 금융자산관리사를 목표로 하는 것도 좋다. 좀 더 나아가 세무사, 공인회계사를 목적으로 해도 좋다.

자격증은 장기 목표가 아니다. 즉, 최종적인 목적이 아니다.

자격 자체가 도움이 될지 어떨지 의문인 경우도 있다. 적어도 자격을 취득했다고 해서 꼭 일자리를 얻을 수 있는 것은 아니다. 최근에는 사법시험으로 변호사 자격을 취득해도 일을 얻지 못하는 경우도 있다. 자격 취득은 공부를 지속하기 위한 중간 목표로 생각해야 한다. '친구 따라 강남간다'는 말이 있는데, 자격시험은 친구에 해당한다.

자격은 그 자체에 의미가 있다고 하기보다 공부를 계속하기 위한 목표, 일종의 자극제라고 생각하면 된다.

중기적인 목표를 설정하면 그 실현을 위한 공부 스케줄을 만들고 달성도를 예측한다.

3

강한 자극제가
독학을 견인한다

자극제의 기본은 향상심

공부를 계속하기 위한 자극제의 기본은 향상심이다. 향상심은
공부의 원점이다. 한마디로, '공부해서 자신의 사회적 지위를 향
상시키고 싶다'는 욕구다.

　이렇게 말하면 '너무 공리적이고 노골적'이라고 비난할 수도
있다. 하지만 나는 그렇게 생각하지 않는다. 진리추구를 목적으
로 공부하는 학자를 제외하면 많은 사람이 실리를 목적으로 공
부한다.

　그 실리란 '사회를 살기 좋게 한다'는 추상적이고 이타적인 것

이 아니라 이기적인 것이다. 가난한 사회에서는 확실히 그렇다.

2장에서 소개한 프랭클린, 링컨, 카네기를 떠올려보자. 그들은 어떻게 해서든 자신의 실력을 최대한 발휘할 수 있는 환경을 만들기 위해서 공부했다.

직접적인 목적이 그저 '돈벌이'라도 좋다. 슐리만이 외국어를 공부한 것은 재미를 느껴서이기도 했지만 외국어를 할 수 있으면 외국에서 일할 수 있기 때문이기도 했다. 실제로 그가 크리미아에서, 또 금광 붐이 일었던 캘리포니아에서 일할 수 있었던 것도 모두 외국어가 가능했기 때문이었다. '자금이 만들어지면 발굴을 하고 싶다'는 꿈은 그 다음이었다.

공부로 상승할 수 있는 사회는 건전하다

출신 계층과 문벌로 모든 것이 결정되는 사회가 아닌, 공부로 획득한 능력이 평가받는 사회는 건전한 사회. 고도성장기의 일본은 그런 사회였다.

그러나 그렇지 않은 사회가 지금도 있다.

나는 오래전, 방글라데시에 간 적이 있다. 그곳에서 본 광경을 지금도 잊을 수 없다.

학령기의 아이들이 거리에서 구걸을 하고 있었는데, 그들은 교육으로 능력을 키울 소중한 기회를 처음부터 빼앗긴 것이다. 그들의 상황은 지금도 크게 다르지 않을 것이다.

아이에게 교육의 기회를 빼앗는 것은 가장 증오해야 할 범죄 행위다.

인간만이 공부를 통해 성장할 수 있고 사회 속에서 지위를 높일 수 있다. 곤충은 태어날 때 이미 지위가 정해진다. 일개미는 허물을 벗고 성장해도 여왕개미가 될 수 없다. 출신 계층이나 문벌이 아닌 공부로 획득한 능력으로 상승할 수 있는 사회가 건전한 사회다.

가난한 사회에서는 본인이 공부하고 싶다고 해도 꼭 부모의 지지를 받는 것은 아니다. 고도성장기 이전에는 일본에서도 많은 아이들이 부모 눈에 띄지 않도록 몰래 숨어서 공부했다(부모가 시키는 일을 피해서).

그런데 사회가 풍요로워지자 사람들은 점차 '공부하고 싶다'는 의욕을 잃었다. 헝그리 정신을 잃은 것이다. '공부하라'는 잔소리를 끊임없이 듣는 지금 아이들은 그런 의미에서 무척 불쌍하다.

지금 세상이 공부할 필요가 없는 유토피아가 되었다면 모를까, 장기적으로 보면 공부의 필요성이 더 높아졌는데도 공부를 하지 않는다면 이것은 진정한 비극이다.

미국 같은 경쟁사회에서는 지금도 대학원생이 필사적으로 공부한다. 그렇게 할 만큼의 의미가 있기 때문이다.

그런 자극제가 부족한 사회는 미래가 없다. 공부 성과가 제대로 평가받는 사회가 되었으면 좋겠다.

자신에게 공부를 강제하는 환경을 스스로 만든다

자신에게 공부를 강제하는 환경을 만드는 것도 효과적이다. 사람은 막다른 곳에 몰리면 진지해진다. 공부도 그렇다.

'자신을 도망칠 수 없게 만드는 방법'은 여러 가지다.

예를 들어, '자격시험을 본다'고 주위에 선언한다. 합격하지 못하면 창피하니까 최선을 다해 공부할 것이다.

'사람들에게 자랑하고 싶어서 공부한다'는 생각도 중요하다.

영어의 경우, 실제로 사용할 기회가 있으면 더 좋다. 가령 '상사와 출장을 가서 뛰어난 영어 실력을 보여주고 싶다'는 심리다. 그런 역할을 자처해서 만들어 내도 좋다.

'사람에게 보이고 싶어서, 혹은 자랑하고 싶어서 노력한다'는 것은 절대 나쁜 일이 아니다. '정치가는 훌륭할수록 능력이 높아진다'는 말이 있다(능력이 있어서 훌륭한 것이 아니라 훌륭해지기 때문에 능력이 높아진다). 그것과 마찬가지다. 인간의 이런 심리는 공부에서도 적극적으로 활용해야 한다.

4

공부는
즐겁다

호기심이야말로 공부의 추진력

지금까지 말한 자극제는 중요한데, 그것만으로는 공부가 고통이 되어버린다. 사람들이 '손쉬운 공부법'을 찾는 것은 '힘든 공부를 가능한 한 빨리 끝내고 좋은 결과만 얻고 싶다'고 생각하기 때문이다.

사실 공부의 가장 강한 자극제는 호기심이다. 재미있어서, 즐거워서 공부한다.

연구자는 사회에 공헌하기 위해 연구하는 것이 아니다. 자신이 스스로 즐겁고 재미있어서 한다.

인간은 원래 호기심이 강하다. 이것은 자연스러운 인간의 본능이다. 왜냐하면 자연계에서 인간만이 공부를 통해 진보하기 때문이다.

그리고 지식이 늘면 호기심은 더욱 커진다. 알고 싶은 것이 갈수록 더 많아진다. 그래서 또 공부하고 싶어진다.

문제의식을 가지면 정보를 포착할 수 있다. 문제의식을 갖고 능동적으로 정보를 얻는 사람과 주어지는 정보를 수동적으로 받아들이는 사람의 차이는 크다.

역사 공부도 그렇다. 외국에 가면 그 지역 역사에 흥미가 생긴다. 역사를 알면 여행이 더욱 즐거워진다.

평생 공부를 계속하는 사람들도 있다. 《전쟁과 평화》에 등장하는 안드레이 볼콘스키 공작은 온종일 고등수학에 몰두한다. 책을 쓴 톨스토이도 70세가 넘어 이탈리아어 공부를 시작했다.

공부의 즐거움을 가르치는 것은 교사의 역할이다. 그것을 다하지 못하는 교사가 많은 것이 문제다. 나는 아직까지 물리학과 수학의 재미를 가르쳐주는 교사를 만나지 못했다. 그러나 미국에 유학했을 때 경제학의 재미를 일깨워준 교사를 만날 수 있었다(수리경제학의 창설자 중 한 명인 제이콥 마샥〈Jacob Marschak〉이다).

지식이 없으면 흥미가 생기지 않는다

어떻게 호기심을 갖지 않는 사람이 있을 수 있을까? 정말 신기하다. 나는 국내선 비행기를 탈 때 날씨가 좋으면 창가 좌석에 앉아서 계속 지상을 본다. 목이 아플 정도다. 자신이 아는 장소를 상공에서 바라보는 것은 매우 즐거운 일이다.

그런데 대부분의 승객은 창가 자리에 앉아도 지상을 보지 않는다. 나에게 있어서는 사람들이 지상의 풍경에 흥미를 갖지 않는다는 사실이 참 신기하게 느껴진다. 지리에 대한 지식이 없어서 흥미를 느끼지 못하는 것이 아닐까.

정말 놀란 것은 1997년, 헤일밥(Hale-Bopp) 혜성이 지구에 근접했을 때였다. 마침 시애틀에 갈 일이 있어 성층권을 지나는 비행기 안에서 이 세상의 것이 아닌 혜성의 모습을 볼 수 있었다.

한쪽 창으로 승객이 몰려들어 비행기가 기울어지지나 않을까 내심 걱정했는데 놀랍게도 창밖을 바라보고 있는 사람은 나 혼자였다. 뒷좌석 승객은 독서등을 켜고 차분히 신문을 보고 있었다. 평생 한 번 있을까 말까 한 기회인데 어떻게 그 순간 신문을 볼 수 있을까.

그런 엄청난 광경에는 흥미를 보이지 않으면서도 텔레비전을 보는 사람은 많다. 병원에는 대기실에 텔레비전이 놓여 있는 곳이 많다. 꽤 오래전부터 대형 텔레비전을 설치하는 레스토랑도 늘어났다. 나에게는 방해가 될 뿐이지만 많은 사람이 텔레비전에서 흘러나오는 정보를 수동적으로 받아들이는 데 매우 익숙하다.

5

가르치면서
배운다

지식을 늘리고 싶으면 가르쳐라

'지식을 늘리려면 가르쳐라'고 하는데 이것은 정말 옳은 말이다. 사람을 가르치는 것은 공부의 강력한 견인력이 된다.

2장에서 소개한 슐리만을 떠올려 보자. 그는 외국어 공부를 위해 돈을 지불하고 사람을 고용했다. 가르침을 받기 위해서가 아니다. 슐리만은 그에게 외국어로 말하면서 가르쳤다. 가르치는 것이 외국어 공부를 지속하는 좋은 자극제가 된 것이다.

어떤 문제에 대해 원고를 쓰기로 약속하는 것도 좋다. 내용이 없는 원고가 되면 창피를 당하니까 그 문제에 대해 진지하게 공부할 것이다.

'누군가가 봐준다'고 생각하면 보람을 느끼게 된다.

'남에게 보이거나 자랑하고 싶다'는 마음도 공부의 중요한 견인력이 된다. '가르치다'는 '사람에게 보이고 싶다' 혹은 '자랑하고 싶다'는 마음과 기본적으로 같다. 가르치기 위해서 공부하는 것이 아니라 공부하기 위해서 가르치는 것이다.

교사와 학생의 차이는 사흘이다

이상에서 설명한 방법은 내가 실제로 실행해온 것들이다. 나는 대학에서 학생을 가르치기 위해 공부하고, 원고와 책을 쓰기 위해 공부했다.

그런 일을 하려면 배우지 않으면 안 되는 면도 있다. 나는 그런 부분을 가르치는 것을 배우기 위한 자극제로 이용했다.

원고를 쓰려면 당연히 찾아보고 확인하지 않으면 안 되는 부분이 있다. 나는 그런 부분도 '공부를 하기 위해 쓸 기회를 활용하자'고 생각했다.

책을 쓰는 시간이 충실한 것은 내용을 조사하고 공부해서 지식과 이해를 늘리기 때문이다. 책을 다 쓰고 나면 맥이 풀린다.

즉, 이해하고 아는 것이 목적이고 가르치고 글을 쓰는 것은 그것을 위한 수단 중 하나가 된다.

가르치는 것은 독학에서 강한 자극제가 된다.

앞서 나는 '교사와 학생의 차이는 좁혀지고 있다'고 했다. 최근에는 '교사와 학생의 차이는 사흘'이라고 말할 때도 있다. 이것은 절대 나쁜 것이 아니다. 교사도 늘 독학을 계속한다.

사실은 교사와 학생의 차이가 두세 시간 정도인 경우도 많다. 즉, 두세 시간 전에 공부한 것을 가르치기도 한다.

블로그를 통해 지식을 발신한다

'그런 말을 들어도 가르칠 기회가 없다', '책을 쓸 수 있는 사람은 일부에 불과하다'라는 의견도 있을 것이다. 그러나 지금은 블로그나 유튜브를 통해 누구나 사람을 가르치고 글을 쓸 수 있다.

예를 들어, 당신이 금융기관에서 일하는데 최근 금융정세를 공부하고 싶다면 공부 성과를 블로그 해설기사나 유튜브 채널로 연재하는 것이 좋다.

옛날에는 이를 위한 자비출판에 큰 비용이 들었는데, 지금은 블로그나 유튜브로도 간단히 목적을 달성할 수 있다.

무료니까 불만을 들을 일도 없다. 약간 틀려도 이후에 정정하면 된다.

그리고 그것을 친구에게 알릴 수도 있고 트위터나 유튜브로 퍼뜨리면 된다.

혹은 '남을 가르칠만한 전문지식은 없다'고 생각할 수도 있다. 그렇다면 '공부 정리'를 만들어 보자.

예를 들어, 회계학 공부를 시작했으면 '회계학 입문'이라는 블로그나 유튜브 채널을 만든다. 거기에 공부한 내용을 요약하고 자신의 생각을 정리한다.

또는 지금까지 자신이 해온 일에 대해 세미나를 열 수도 있다. 원예, 주말목공 등등 어떤 것도 좋다. 그렇게 하다 보면 커뮤니티 센터 등에서 강의할 기회가 찾아올 수도 있다.

6

어떻게
공부 시간을 만들까

아무리 바빠도 시간은 낼 수 있다

공부 시간은 어떻게 만들 수 있을까. 학생 때는 모든 시간을 공부를 위해 쓸 수 있다(많은 학생이 그렇게 하지 않는 것은 무척 안타까운 일이다). 그러나 사회인의 경우라면 공부를 위해 시간을 만들기가 쉽지 않다.

'공부하고 싶지만 시간이 없다'는 사람도 많다. 실제로 일 때문에 바쁜 사람이 공부를 위해 시간을 내기란 쉽지 않다.

그러나 공부에 대한 적절한 자극제와 문제의식을 가지면 공부 시간을 만들 수 있다.

2장에서 소개한 독학 선배들을 떠올려보자. 그들은 일을 하면서도 어떻게든 독학을 위한 시간을 만들었다.

불필요한 일을 잘라낸다

가장 중요한 것은 불필요한 일을 하지 않는 것이다. 인생은 짧다. 나는 꽤 오래전부터 기관 모임 등에 일절 출석하지 않는다.

1993년에 '페르마의 마지막 정리'를 증명한 프린스턴대학의 앤드루 와일스는 대학 강의를 계속했지만 학회활동도 그만두고 연구에 몰두했다.

혹시 크게 필요하지 않은 교류에 자신의 시간을 낭비하고 있지는 않을까? 지금 사회에서는 골프 등의 교류에서 얻을 수 있는 이익은 감소했다. 그 시간을 공부에 돌려야 한다고 생각한다.

일반적으로 교류나 파벌활동의 이익은 예전에 비해 감소했다. 실제로 끊임없이 회사의 미래를 생각하는 경영자들은 파티나 연회 등은 일찌감치 끝내고 시간을 만들어 공부한다.

일상생활을 재점검해보자

그 외에도 다시 한번 생각해볼 수 있는 시간은 있다. 병원에 입원해 있을 때는 달리 할 일도 없다 보니 책 읽기에만 집중할 수 있었다. 그런데 퇴원 후 집에 있으니까 공부나 일을 게을리하게 만드는 유혹들이 많았다.

그런 점에서 일단 현재의 일상생활을 재점검해보는 것이 좋다.

불필요한 일에 내 시간을 낭비하는 경우가 많지 않을까?

텔레비전이나 인터넷을 보는 시간은 얼마나 될까? 이동에 사용하는 시간, 자투리 시간은 어느 정도일까?

이것들은 단순한 습관으로, 아무 생각없이 계속하는 경우도 많다. 그래서 재점검하면 크게 달라질 수 있다.

무리해서 바꾸지 않아도 공부를 하고 싶으면 저절로 바뀐다.

그리고 자신이 하지 않아도 되는 것은 돈을 지불해서라도 다른 사람에게 맡기면 된다. 내 경우에는 세금신고를 직접 해오다가 지금은 세부적인 부분까지 전부 세무사에게 맡기고 있다.

출퇴근 지하철은 최고의 공부 환경

수많은 사람이 무의미하게 흘려보내는 시간대가 있다. 바로 출퇴근 시간이다.

독학을 위한 이상적인 환경은 출퇴근 시간대의 지하철 안이다. 특히 외국어 듣기 공부에는 최적의 환경이다. 글자를 보지 않고 소리만 들으면 되기 때문이다.

또, 만원 지하철 안에서는 달리 할 것이 없기 때문에 정신이 산만하지 않다. 집중할 수 있다. 조금만 시선을 달리하면, 만원 지하철은 지옥철이 아니라 공부하기에 최상의 환경이 된다. 전화위복(轉禍爲福)으로 만드는 것이다.

매일 공부하는 습관을 갖자.

그러면 수년 후에는 공부하지 않은 사람과 큰 차이를 만들 수 있다.

출퇴근 지하철에서 어떻게 시간을 보내는지를 보면 그 사람의 미래를 알 수 있다. 최근에는 책을 보고 메모하는 사람은 드물고 스마트폰에 시선을 집중하는 사람이 많은데, 그들은 대체 무엇을 그렇게 열심히 보는 걸까? 그로 인해 얻는 것은 무엇일까?

CHAPTER 7

배워야 할 것을
어떻게 찾을까?

1

독학의 커리큘럼은
스스로 만든다

커리큘럼 만들기가 독학의 가장 큰 숙제

학교에 가서 교실에 앉아 있으면 선생님이 필요한 지식을 가르쳐준다. 가만히 선생님의 설명을 듣기만 하면 된다. 선생님이 '푸시(Push)'하는 것을 수동적으로 받기만 하면 된다. 이 경우, 공부의 체계를 나타내는 커리큘럼은 선생님이 준비해준다.

그에 비해 독학에서는 알고 싶은 것을 자신이 결정한다. 능동적으로 정보를 '풀(Pull)' 하지 않으면 안 된다.

그래서 '무엇을 찾아야 하나'는 무척 중요하다. 즉, 자신이 공부할 커리큘럼을 스스로 만들어 내야 한다.

기초교육에서는 커리큘럼이 정해져 있다. 이것은 오랜 세월의 경험에 의해 만들어진 것으로, 일단 신뢰해도 좋다. 그러나 사회인의 공부는 그렇지 않다. 사람에 따라 알고 싶은 것이 모두 다르기 때문이다.

그러나 사회인을 위한 학교에서는 일반적인 사람을 대상으로 하는 일반적인 커리큘럼밖에 만들지 않는다. 그래서 개개인의 요구에는 맞지 않는다.

예를 들어, 영어회화 학원이 그렇다. 일반적인 영어회화로는 전문적인 커뮤니케이션에 도움이 되지 않는다. 이 문제는 뒤에 다시 언급하기로 하겠다. 웹에서는 다양한 지식을 얻을 수 있다. 그러나 그것들은 체계가 없는 혼란스러운 지식이다. 백과사전은 원래 그런 성질을 갖고 있다. 웹에서는 〈위키피디아(온라인 백과사전)〉조차도 체계적인 지식을 얻기 위한 것으로는 적당하지 않다.

게다가 웹에서는 무엇이 중요한지 알 수 없다. 구글 검색엔진의 가장 큰 공헌은 이것을 링크되어 있는 수의 순서대로 나열한 것이다. 그렇기는 하지만 진짜 중요도를 나타내고 있는지 어떤지는 알 수 없다.

게다가 웹 정보는 그것이 정확한지의 여부를 알 수 없다. 책은 여러 번의 교정을 통해 오류를 바로잡는다. 그러나 웹에서는 그런 과정을 거치지 않은 미확인 정보가 대부분이다.

	커리큘럼	좋은 점	나쁜 점
학교	• 주어진다.	• 직접 만들 필요가 없어서 편하다. • 기초교육의 경우는 옳다고 신뢰할 수 있다.	• 사회인의 경우, 일반적인 커리큘럼은 도움이 되지 않는 경우가 많다.
독학	• 직접 만든다.	• 자기 형편에 맞는 커리큘럼을 만들 수 있다.	• 커리큘럼을 직접 만드는 것은 쉽지 않다. • 잘못된 커리큘럼을 만들 위험이 있다.

<표 7-1> 커리큘럼에 관한 학교 공부와 독학의 차이

기출문제와 교과서로 커리큘럼을 만든다

독학과 학교 공부의 가장 큰 차이는 '문제는 무엇인가'를 스스로 파악해야 한다는 점이다. 대학 공부의 경우, 전공을 정할 때는 자신이 결정하지만 나머지는 대학이 커리큘럼을 만들어준다. 즉, 문제는 주어진다.

그러나 독학에서는 어느 방향으로 나아갈지, 무엇을 공부할지 모든 것을 스스로 정해야 한다. 따라서 지시대기형 인간이라면 절대로 독학을 할 수 없다.

'무엇을 공부해야 하는가'는 자신이 세운 목적에 따라 다르다.

내가 대학생 시절 공무원 시험 준비로 경제학을 공부했을 때는 비교적 간단했다. 체계적인 경제학 공부가 아니라 시험에서 좋은 점수를 따는 것을 목표로 했기 때문이다. 그렇게 하려면 기출문제가 가장 좋은 커리큘럼이 된다.

파이낸스 이론 강의를 시작하자고 생각했을 때는 미국 교과서의 차례를 확인했다. 새로운 분야를 공부하려면 그 분야의 표준적인 교과서를 확인하는 것이 좋다.

내용을 자세히 공부하지 않아도 차례를 보면 어떤 항목을 공부해야 하는지 알 수 있다. 커리큘럼이란 다름 아닌 차례 만들기다.

이해해야 할 것이 무엇인지 알았으면 그 다음에는 웹이나 백과사전으로 조사한다. 이것들은 커리큘럼을 정한 다음 개별적인 지식을 얻기 위한 단계다.

인터넷 검색은 독학에서 매우 중요한 수단이다. 이에 대해서는 9장에서 자세히 알아보기로 한다.

요즘에는 특히 음성입력이 가능해져서 검색이 더 쉬워졌다. 기상예보를 확인할 때 사용하는 사람이 많을 텐데, 거기서 멈추지 말고 다양한 것을 조사하는 데 사용해보자. 옛날에는 '박식한 사람'을 찾아서 일일히 물어보아야만 알 것들을 쉽게 알 수 있다.

2

문제는 무엇인가,
중요한 것은 무엇인가

'문제를 찾는 것'의 중요성

우선 중요한 것은 문제 자체를 '찾는 것'이다. 무엇을 목적으로 무엇을 공부하고 싶은지 문제의식을 명확히 해야 한다.

학교 수재들에게 부족한 능력이 바로 이것이다. 학교 교육에서는 주어진 문제만 풀 뿐, 스스로 문제를 찾는 훈련을 하지 않는다. 입시공부의 폐해는 주입식 교육도 암기교육도 아니다. 이것이야말로 입시공부의 가장 큰 폐해다.

오직 입시공부에만 주력해서 회사에 입사해 상사의 지시대로 일해 온 사람은 '무엇을 해야 할지 스스로 결정하는 경험'을 하지 못한다. 계속해서 그런 사람들이 조직의 리더가 되기 때문에 상황이 바뀌어도 기존의 방식을 지속할 뿐, 급변한 새로운 사태에 대해 사업 방향을 바꾸지 못하는 것이다.

또, 이들은 새로운 사업을 해도 다른 사람들과 똑같은 것밖에 하지 못한다.

'무엇을 해야 좋을까?'

이 물음에 대한 정답을 찾는 것이 독학의 가장 중요한 포인트다.

중요한 것은 전체의 20%

공부의 성과와 노력은 비례하지 않는다. 공부의 성과는 공부 방법에 따라 크게 달라진다.

공부를 잘하는 학생은 무엇이 중요한지, 요점을 확실히 파악한다. 공부를 잘하는 학생은 전체를 빠짐없이 공부하는 것이 아니라 중요한 요점이 무엇인가를 금세 파악한다. 즉, 불균질한 노력을 하는 것이다. 공부의 요령은 '집중'이다.

그에 비해 고르게 공부하는 학생은 노력에 비해 성과를 올리지 못한다. 성실히 시간을 들여서 공부하는데도 성과를 내지 못하는 사람은 노력해야 할 대상을 착각하고 있다. 그들은 중요한 것과 중요하지 않은 것을 구별하지 않고 똑같이 대응한다. 물론 시간을 들여 성실하게 노력하는 것도 중요하지만 그것만으로는 좀처럼 성과를 올릴 수 없다. '어디에 노력을 집중하느냐'가 중요하다. 불균일한 노력을 해야 한다는 것을 잊지 말자.

집중해야 할 것은 '급소', '요점', '포인트', '핵심', '요령' 등으로 불리는 것들이다.

이것은 '요행'을 노리는 것과는 다르다. 불확실한 직감으로 어딘가에 집중하는 것이 아니라 '중요한 곳'을 정확히 파악한다. 그리고 최대한 거기에 집중한다. 이것은 '줄기와 가지, 잎'의 구별이라고 표현할 수 있다. 머리 좋은 아이, 공부 잘하는 아이는 줄기, 즉 중요한 부분을 잘 파악하는 아이다. 공부를 못하는 아이는 무엇이 중요한지 모른 채 가지나 잎, 즉 중요하지 않은 부분의 방대한 정보 속에서 허우적거리며 어찌할 바를 모른다.

'핵심'을 가르쳐주는 것이 좋은 교사다

그러나 책의 경우는 형식과 나름의 서사구조를 필요로 하기 때문에 핵심만 쓸 수는 없다. 반면에 강의는 무엇이 중요한지 포인트를 말할 수 있다.

미국에서 경제학을 공부할 때, 나는 'crucial'('매우 중요한'이라는 뜻)이라는 단어가 인상적이었다. 많은 교수가 "이 점은 crucial이다." 하고 'crucial'을 연발한다. 학습에서 중요한 것은 'crucial'과 'trivial(사소한)'의 정확한 구별이다.

무엇이 핵심인지를 일일이 가르쳐주는 것이 학교 교육의 가장 큰 장점이다.

그런데 독학에서는 그것을 알 수 없다. 그래서 중요하지 않은 부분에 주력해서 파고들 위험이 있다.

바꿔 말하면, 무엇이 중요한지를 짚어주지 않고 처음부터 끝까지 순서에 따라서만 단조롭게 가르치는 교사는 무능한 교사다.

그럼, 우리는 독학을 할 때 어떻게 중요한 부분을 찾아낼까.

이것이 가장 큰 문제다.

3

중요한 20%를
어떻게 찾을까?

기초부터 한 걸음씩이 아니라 일단 높은 곳까지

새로운 분야를 공부할 때, 보통은 기초부터 차근히 공부해 나간다.

그러나 나는 이 방법에 의문을 갖는다.

내가 강조하는 공부법은 '도중에 모르는 것이 있어도 일단 전체를 파악하는 것'이다.

최대한 빨리 정상에 오른다.

왜 이 방법이 효율적일까?

그것은 '높은 곳에서 보아야 잘 보이기 때문'이다. 새의 시선으로 내려다보면 잘 보인다.

전체를 파악하면 개개의 부분이 어떻게 관련되어 있는지 알 수 있다. 일단 마지막까지 가보면 무엇이 중요한지 보인다. 왜 그 개념이 필요한지도 알 수 있다. 개개의 개념이 어떻게 연결되어 있는지 알게 된다.

부분을 쌓아서 전체를 이해하는 것이 아니라 전체를 파악해서 부분을 이해한다.

수학에서 몰랐던 내용은 나중에 돌아보면 저절로 알게 된다. 어려운 논문도 전체상을 파악하기만 하면 세세한 부분까지 이해하기 쉽다.

때로는 돌아가야 할 때도 있다

하루가 다르게 발전하는 분야에서는 언제나 필수로 여겼던 지식이 어떤 시점이 되면 불필요해지는 경우가 있다. 그런 문제가 예측될 때는 그 부분의 공부는 최소한으로 필요한 것만 해둔다. 특히 IT 관계가 그렇다.

1980년대에 MS-DOS가 등장했을 때는 커맨드(Command)를 사용할 필요가 있었다.

그러나 이후 개인용 컴퓨터의 발전으로 MS-DOS 자체를 몰라도 컴퓨터를 조작할 수 있게 되었다. 현재도 여전히 많은 소프트 프로그램의 배후에 MS-DOS가 작동하고 있지만 지금은 그것을 의식하지 않아도 된다. 즉, MS-DOS에 대한 지식은 이제 거의 필요 없게 되었다. 한마디로, 그때 열심히 공부한 것이 지금은 가치 없는 것이 되어버린 것이다.

이것은 HTML 언어도 마찬가지다. 예전에는 웹디자인의 필수 프로그램이었는데 애플리케이션이 진화함에 따라 간단한 조작으로 목적하는 효과를 달성할 수 있게 되었다. HTML 언어를 아는 것이 편리한 경우도 있긴 하지만 꼭 필요한 것은 아니다.

비슷한 예는 이 외에도 무수히 많다.

4

책에서 지식을 얻는
테크닉

독서의 기법

독학을 할 때 지식을 얻는 기본은 독서다. 그래서 나에게 필요한 책을 선택하는 방법이 필요하다. 보통은 서평이나 읽고 있는 책의 참고문헌에 나온 것을 찾아 읽는다.

지금은 인터넷 서점에서 고르면 관련서적이 잘 정리되어 나오기 때문에 편리하게 사용할 수 있다. 각 책에는 독자서평도 달려 있어서 좋은 참고가 된다. 하지만 거기에 완전히 의존하는 것이 좋은지 어떤지 의문이 들 때도 있다.

오래전, 도쿄역의 신칸센(고속열차) 개찰구 근처에 작은 서점이 있었다. 그곳에서는 서점에서 추천하는 책을 따로 적어놓았다. 그중 SF의 추천은 상당히 신뢰할 만했다. 다른 서점들도 이런 서비스를 제공하면 좋겠다.

하지만 '비즈니스서'라 불리는 책들 중에는 내용이 빈약한 것들도 많아서 상당한 주의가 필요하다. 실제로 내 경우엔 '자기계발서' 분야는 거의 도움이 되지 않았다. 특히 '손쉽게 공부할 수 있다'는 것을 자랑거리로 내세우는 것들이 그렇다.

생각해보면 알 수 있는데, 손쉽게 배울 수 있는 것은 금방 쓸모없어진다. 그래서 가벼운 자기계발서는 별 도움이 되지 않는다.

나는 책을 구입하면 책장을 훌훌 넘기면서 먼저 전체를 '본다.' 본격적인 읽기에 들어가기 전 준비 단계다. 그렇게 해서 읽을 가치가 있는지 먼저 판단한다. 15분 정도만 투자하면 알 수 있다.

어디서부터 읽어야 할까?

읽고 싶은 곳부터 읽는다. 차례에 얽매일 필요는 없다. 소설은 처음부터 차례로 읽어야 하지만 비즈니스서나 교과서는 처음부터 차례대로 읽을 필요가 전혀 없다.

책의 차례도 참고가 된다.

또, 책 내용 전체가 모두 중요한 것은 아니다. 저자 입장으로서는 체계적으로 쓸 필요가 있지만 독자 입장에서는 그것들의 중요성이 전부 똑같지는 않다.

도서관 책 활용법

그렇다면 책의 어느 부분을 집중적으로 읽어야 할까?

그것이 문제다. 이에 관련해서 내가 미국 대학원에서 공부했을 때로 돌아가 본다.

미국 대학원에서는 방대한 양의 읽기 과제(Reading Assignment)를 내준다. 이것은 수업을 받는 것을 전제로 하여 주말까지 모두 읽으라는 참고문헌 목록이다.

영어를 모국어로 하지 않는 유학생들에게 이런 과제는 상당히 큰 부담이 된다. 영어를 속독할 수 없는 불리한 조건 때문이다. 수업을 듣다 보면 "일주일 안에 두꺼운 책을 10권 읽어라"라는 요구가 드물지 않은데 나로서는 도저히 따라갈 수가 없었다.

그래서 나는 일단 과제로 내준 책을 도서관에서 빌려왔다. 그런 다음 책의 아랫면을 확인했다. 그럼 페이지가 까맣게 된 부분이 있는데 그것은 사람들이 그 부분을 많이 읽었다는 의미다.

학생들은 그 책을 처음부터 끝까지 읽지 않고 주로 까맣게 되어 있는 부분을 읽은 것이다. 이 책에서 그 부분이 가장 중요하다는 뜻이다. 많은 경우, 그것은 책 전체의 20%도 되지 않는 분량이다.

물론 이런 방법은 속독이 불가능하기 때문에 어쩔 수 없는 상황에서 사용하는 방법인데, 그렇게라도 하지 않으면 도저히 방대한 양의 과제를 해결할 수 없었다. 그러나 지금 생각하면 읽기 과제의 대응으로는 옳은 방법이었다. '이렇게 많은 것은 읽을 수 없어'라고 포기해버리는 것에 비하면 훨씬 적극적이고 바람직한 대응이다.

책에 덧글을 달자

내친김에 말하면, 책에 있는 덧글에서 중요한 정보를 얻은 적도 있다. 도서관에 있는 책에는 먼저 읽어본 이가 메모해둔 '이것은 매우 중요하다'거나 '이 기술은 이상하다'는 덧글도 있어서 매우 유익했다.

나는 이런 형태로 선배와 대화를 나눌 수 있다는 사실에 감격했고 그 지혜에 감사하며 도서관의 책을 빌렸다.

도서관에 가면 흔히 "책에 낙서나 메모를 하지 마세요"라는 주의 글이 있는데 나는 그것이 잘못되었다고 생각한다. 정확히는 "장서에는 일정 수준 이하의 내용은 쓰지 마세요"라고 해야 한다. 그렇지 않으면 타인이 공들여 알려준 귀중한 지적(知的) 재산을 잃게 된다.

지금의 나에게는 이 방법이 적합하지 않지만 중요한 사실을 하나 가르쳐준다. '책의 핵심은 전체의 20%도 되지 않는다'는 점이다. 20%는커녕 고작 몇 퍼센트에 불과한 경우도 많다. 그리고 그것을 중점적으로 읽으면 전체를 읽는 것보다 훨씬 많은 것을 깊이 있게 배울 수 있다.

　　나는 책을 읽을 때 밑줄을 긋거나 메모를 하고, 책의 앞쪽 여백에 내용을 요약해서 적어둔다. 내 나름의 색인을 만드는 것이다. 그렇게 하면 시간이 지나 다시 읽을 때 무척 편리하다. '책을 깨끗이 읽어야 한다'는 것은 분명히 틀린 말이다.

CHAPTER 8

영어는 독학으로만
습득할 수 있다

영어의 필요성이
더욱 커진다

어떤 일이든 영어가 필수다

앞으로는 '시그널 획득을 위한 공부'가 아니라 '무기 획득을 위한 공부'가 필수가 된다. 즉, '대학에 입학하기 위한 공부'가 아니라 '실력을 높이기 위한 공부'다. 4장에서 언급한 그대로다.

그럼 '무기'란 구체적으로 무엇일까?

첫째는 외국어, 특히 영어다.

이것은 어느 분야에서든 필요하다.

경제활동이 전 세계를 대상으로 이루어지고 있는 지금, 영어가 일에 필요한 것은 명백하다. 가령, 자국어만으로 일해서 기업 활동이 세계화했다면 이것은 기적과도 같다. 일본기업의 예를 들어 본다. 지금까지 일본기업의 국제 활동은 '제품을 해외에 파는 것'이었다. 이것은 해외영업을 맡은 사람이 영어를 할 수 있으면 된다. 그러나 제조 부문까지 해외로 이전하는 세계화에는 이것으로 대응할 수 없다. 현장 사람들도 영어로 소통해야 할 필요가 있다.

검색을 할 때도 일본어로 검색하는 것과 영어로 검색하는 것은 얻을 수 있는 정보의 질과 양에서 큰 차이가 있다. 특히 전문용어에서는 더욱 그렇다.

'세계화'라는 관점에서 봤을 때 가장 뒤처진 곳은 바로 대학이다. 10년 전쯤의 일인데, 말레이시아에서 국제회의가 열렸을 때 청중 가운데 한 학생이 "일본 대학원에서 공부하고 싶다"고 말했다. 담당자가 강의 내용을 설명하고 나서 "그런데 강의는 일본어로 한다"고 말한 순간, 그의 표정은 싹 변했다. 그리고 고개를 가로저으며 서둘러 사라졌다. 1980년대에는 '일본 기업에서 일하고 싶어 일본어를 배우고 싶다'는 학생이 많았는데, 이제 그런 시대는 옛날이야기가 되었다.

지금은 영어로 강의하지 않으면 외국의 우수한 학생을 모집할 수 없다. 자국어로만 강의하는 한 그 대학은 세계화할 수 없다. 모순된 표현인데, 지금 '세계화'라는 말을 선전문구로 내거는 자체가 일본의 대학이 얼마나 세계화되지 않았는지를 상징한다.

물론 영어만 잘해도 소용없다. 영어는 소통을 위한 수단에 불과하기 때문이다. 영어를 구사해서 무엇을 전달하느냐가 중요하다. 영어 실력은 필수조건이지만 충분조건은 아니다.

세상을 무대로 뛰어라

한국의 젊은 세대는 영어 실력이 뛰어나다. 그래서 미국이나 캐나다에 적극적으로 진출해서 일하고 있다. 20~30년 전만 해도 그렇지 않았다. 1990년대 말의 아시아 통화위기로 '나라에만 의지할 수 없다'고 생각한 한국의 젊은이들은 적극적으로 세계를 향해 나아갔다.

일본의 경우, 지금까지는 국내에 충분한 기회가 있었지만 앞으로 국내만으로 충분할지는 알 수 없다. 그러나 '국내'라는 제약에서 벗어나 세계적인 관점을 가지면 기회는 얼마든지 있다. 일본의 젊은이는 한국 젊은이의 활력(Vitality)을 배워야 한다.

러시아인의 영어 실력도 많이 향상되었다. 옛날 러시아의 발레리나들은 영어 실력이 좋지 않았다. 그러나 현재 러시아의 발레리나들은 외국어를 자유롭게 구사한다. 그래서 러시아에서만 활동하지 않고 유수의 외국 발레단에서도 맹활약한다.

얼핏 보면 발레나 음악에는 말이 없어서 외국어가 필요하지 않을 거라고 생각할 수도 있는데 그렇지 않다. 구(舊) 소련 붕괴 후 많은 러시아인이 외국에서 활약하게 되면서 외국어 구사의 의미는 점점 커졌다.

이런 것과 비교하면 일본의 상황은 세계 수준에서 이상할 만큼 뒤처져 있다. 그것은 중·고등학교에서 충분한 영어 교육이 이루어지지 않기 때문이다.

영어를 세계어로 사용하는 세계에서 일본인들은 고립되고 말았다. 옛날부터 국제회의에서 일본 대표들은 거의 발언을 하지 않았는데 최근에도 그다지 사정은 달라지지 않았다.

국제회의에서는 정식 회의보다 무대 뒤에서의 협상이 더 중요한데 이 부분은 더욱 뒤떨어질 것이다. 결국 긴밀한 소통에서 소외되어 국익이 손해를 보는 것이다.

우리 세대가 지금의 젊은 세대보다 외국에서 공부하고, 외국에서 일하는 사람이 더 많지 않았을까. 내 친구들 중에는 외국에서 일하며 정착한 사람도 많다. 자녀의 국적이 외국인인 사람도 많다.

그런데 최근에는 그런 이야기를 거의 듣지 못했다.

여기서는 영어를 염두에 두지만, 영어뿐만 아니라 외국어 전반에 해당된다.

지금은 새로운 조건으로 중국어의 필요성이 커졌다. 다른 외국어에 비해 중국어는 다른 접근이 필요하다. 중국어의 경우는 읽을 수 있는 테크닉이 필요하다.

아이는 독학으로 언어를 습득한다

'미국에서는 어린아이도 영어로 말한다', '러시아에서는 초등학생도 그 어려운 키릴 문자(그리스의 전도사 키릴로스가 고안한 것이라고 전해지는 문자로 현재 러시아 문자의 모체)를 읽을 수 있다', 이런 농담을 할 때가 많은데 실제로 그렇다.

언어는 특별한 재능이 없어도 누구나 습득할 수 있다. 그리고 습득은 독학으로 이루어진다. 그래서 외국어 공부는 특별히 어려운 일이 아니다.

게다가 어른이 된 후에는 유아가 자국어를 습득할 때보다 더욱 효율적인 방법으로 배울 수 있다.

어른이 된 후에는 외국어를 배우는 것은 어렵다고 말하는 사람들이 있다. 그러나 어른이 된 후 외국어를 습득한 사람은 많다. 2장에서 소개한 슐리만을 떠올려보자. 그래서 '어른이 된 후에는 외국어를 배우기 어렵다'는 가설은 믿기 어렵다.

전문분야의
영어가 필요하다

비즈니스 영어에서 중요한 것은 전문용어다

비즈니스에서 사용하는 영어는 학교에서 배우는 영어와 무엇이 다를까?

학교 교육에서는 모든 용도에 필요한 영어를 가르친다. 그러나 이것과 일에서 사용하는 영어에는 차이가 있다.

어휘의 경우에는 전문용어가 필요하고 전문적인 표현도 알아야 한다.

이것들은 일상적인 용어나 표현과는 다르다. 전문용어를 모르면 전문가들 사이에서 대화가 되지 않는다. 반대로, 전문용어만 알면 같은 전문가 사이의 의사소통이 가능한 경우가 많다(어떤 말이 필요한가는 분야에 따라 다르다).

예를 들어, 조세(租稅)에 관한 이야기를 할 때 '세액공제', '누진과세', '절세와 탈세' 등의 용어를 모른다면 전혀 대화가 되지 않는다. 반대로 이들 용어를 알면 전문가 사이의 대화는 상당 정도까지 문제없이 이루어진다.

이것은 모든 전문분야에 해당된다.

비즈니스맨만이 아니라 전문가에 대해서도 그렇다. 가령, 야구나 축구 같은 스포츠 선수가 세계적으로 활약하는 일이 늘고 있다. 이런 분야에도 전문적인 표현이 있다. 예를 들어 '배트를 어떻게 휘두르나'와 같은 표현이다. 이것은 특수한 표현이어서 보통 영어회화에는 등장하지 않는 단어와 표현이 필요하다.

그래서 국제회의의 동시통역사는 분야에 따라 다르다. 또, 반드시 사전미팅을 통해 어떤 단어와 표현이 사용되는지 확인한다. 조세문제 회의에 나타난 어느 통역사는 나에게 "당신이 하는 말은 '조세 전문용어'입니다"라고 말했다.

영어회화 학원에서는 전문용어를 가르치지 않는다

영어회화 학원이나 텔레비전·라디오의 영어회화 교육 프로그램에서는 '전문용어가 중요하다'는 인식이 희박하다. 극단적으로 말하면 "잘 지냈나요?", "오늘은 날씨가 좋아요" 등의 일상적인 회화가 대부분이다. 적어도 그것이 '실용영어'의 중요한 내용이라고 생각하는 것 같다.

그러나 그것만으로는 전문가들이 소통하며 일할 수 없다. 첫인사라면 모를까, 이후에는 그 분야에서의 '전문용어'가 필요하다. 그래서 학원에 많이 다녀도 영어로 일할 수는 없다.

'일에 쓸 수 있는 도구'라는 시점이 없는 것이 실용영어 학습의 큰 잘못이다.

어학교실에서 이런 영어 교육을 제공하지 못하는 것은 전문분야 지식을 가진 강사가 없기 때문이다.

이런 문제는 영어회화 학원만이 갖고 있는 것은 아니다. 나는 '비즈니스 영어' 부류의 책들을 자주 보는데, 그것도 '비즈니스에 관련된 상황에서 오가는 영어' 정도일 뿐, 실제로 비즈니스에 사용할 수 있는 수준의 영어와는 거리가 멀다.

인사나 일반적인 회화가 완전히 불필요한 것은 아니지만 일을 진행할 때는 크게 문제가 되지는 않는다.

처음 만난 사람에게 인사하는 경우라면 '무엇을 말할까'보다는 웃는 얼굴로 말을 거는 것이 더 중요하다.

3

문장을
통째로 외운다

문장을 통째로 외우는 것이 가장 간단하다

외국어 공부법은 슐리만의 방법이 가장 좋다. 문장을 통째로 암기하는 것이다. 단어를 따로 외우지 않고 문장째 외운다.

독립된 단어를 하나씩 외우기는 쉽지 않다. 그러나 어느 정도 길이의 문장은 여러 번 반복해서 읽으면 외울 수 있다. 몇 번을 반복해야 하는가는 개인차가 있는데, 보통은 20회 정도 반복하면 외울 수 있다. 20번 반복해서 읽으려면 독학밖에 방법이 없다. 외국어는 독학으로만 습득할 수 있다.

나는 슐리만의 방법은 몰랐는데, 고등학생 때부터 의식적으로 이런 공부를 했다. 처음에는 교과서를 통째로 외웠다. 다른 과목을 공부하다 지치면 영어 교과서를 꺼내 소리 내어 읽었다. 읽기만 하기 때문에 힘들지 않다. 정신적인 긴장은 하지 않아도 된다. 그렇게 여러 번 읽다 보면 외울 수 있다.

일단 교과서를 전부 외우면 각 단어의 의미는 문맥에 대응해서 알 수 있다. 그 부분이 기억나지 않으면 조금 앞으로 거슬러 올라가서 떠올린다. 인간의 기억은 어딘가를 기억해내면 그 다음은 고구마 덩굴을 잡아당기듯 줄줄이 떠오른다. 그래서 힘들이지 않고 목적하는 부분을 떠올릴 수 있게 된다.

단어를 기억할 때도 그렇다.

예를 들어, 나는 'resilient(회복력이 있다)'의 뜻이 도저히 외워지지 않았다. 그런데 어떤 이야기에서 'Children are resilient(아이들은 회복력이 있다)'는 문장을 읽은 후로는 절대 잊어버리지 않는다. 'resilient'라는 단어를 보면 기억 속에서 '회복력'이라는 일본어가 아니라 'Children'으로 시작한 문장을 떠올린다.

'긴 문장을 통째로 암기'하는 방법은 언뜻 비효율적으로 보인다. 문장에 등장하는 대부분의 단어는 아는 단어이기 때문이다. 그러나 결코 비효율적이지 않다. 인간의 기억은 관련이 없는 단어를 분리해서 기억할 수 없다. 의미가 있는 일정한 길이의 문장을 기억하도록 되어 있다.

거듭 말하지만, 단어를 분리해서 외우는 것은 쉽지 않다. 언뜻 보면 비효율적으로 보이지만 어느 정도 길이의 문장을 통째로 외우는 방법이 가장 간단하고 쉽다.

이 방법으로 공부하면 시험은 문제없다. 간혹 문장의 전치사만 빈칸으로 남기고 '이곳에 들어갈 전치사는 무엇인가?' 하는 문제가 있는데, 이런 문제는 완벽하게 해결할 수 있다. 문장 전체를 외우고 있기 때문이다. 규칙 위반이라는 꺼림칙함이 들 정도다.

이상의 방법은 입시공부에도 사용할 수 있다. 사립대학에서는 영어 성적이 좋으면 그것 하나만으로도 입학할 수 있는 곳이 있다. 그래서 입시전쟁에서 이기는 데도 큰 도움이 된다.

명문구를 외운다

그런데 여기에는 문제가 하나 있다. 교과서는 재미가 없다. 그래서 영문 시나 문학작품을 외우기로 했다. 예를 들어, 윌리엄 셰익스피어의 《줄리어스 시저》에 나오는 마크 앤서니의 연설, 《햄릿》의 유명한 독백, 《로미오와 줄리엣》의 발코니 장면 등이다.

독일어의 경우는 헤르만 헤세의 단편 《시인》의 전체 문장을 암기했다.

그리고 정치가의 명강연도 통째로 암기하려고 했다. 그런데 내가 고등학생이었을 때는 음원을 찾기가 매우 어려웠다. 그 당시 발명된 '소노시트'(Sonosheet, 영어로는 Flexi disc. 1958년 프랑스에서 개발된 얇은 녹음 음반으로, 매우 얇고 구부릴 수 있을 정도로 부드러워 잡지 부록 등에 이용되었다 – 옮긴이)에서 존.F.케네디의 취임 연설을 입수했을 때는 보물을 찾은 듯한 기분이었다.

4

듣기 연습에
집중한다

왜 듣기가 중요할까

영어 공부를 하면서 많은 사람이 '영어로 유창하게 말하고 싶다'
는 잘못된 생각에 빠지기 쉽다.

그런데 실제로는 말하기보다 '정확히 듣기'가 훨씬 중요하다.

왜일까?

첫째, 말할 수 있어도 듣고 이해하지 못하면 실제로 쓸 수 없기
때문이다. '실용 회화집' 부류의 참고서를 보면 "역으로 가는 길을
가르쳐 주세요"라는 예문이 자주 실린다. 그러나 참고서에 나와
있는 대로 정확히 말해도 상대방의 대답을 알아듣지 못하면 아

무 의미가 없다.

알아듣지 못하는 경우, 보통은 상대에게 '천천히 말해달라'는 요구를 할 수 없다. 말하는 사람이 아무리 난해한 말로, 아무리 빨리 말해도 정확히 알아들어야 한다.

또, 많은 사람이 출석하는 회의나 강의에서는 자기 형편에 맞게 '천천히 말해 달라'고 따로 요구할 수도 없다. 한마디로, 듣기의 경우는 상대를 통제할 수 없다.

실제로 비즈니스에서는 듣기에 집중해야 하는 상황이 많다. 오로지 듣기만 한다. 그래서 실용영어에서 가장 중요한 것은 정확히 듣고 이해하는 것이다.

들을 수 있으면 말할 수 있다

듣는 연습에 집중해야 하는 두 번째 이유는, 정확히 알아들으면 말하는 것은 거의 자동적으로 할 수 있게 되기 때문이다.

그래서 특별히 따로 말하는 연습을 할 필요는 없다. '믿을 수 없다'는 사람도 많겠지만 이것은 사실이다. 나는 학습을 통해 이러한 사실을 배웠다.

또, '말하기'는 하고 싶은 말만 하면 된다. 천천히 말할 수도 있다. 사전에 준비할 수도 있다. 즉, 자신이 통제할 수 있다. 그래서 말하기는 듣기보다 간단하다.

회사 임원이 통역을 대동하고 외국인과 회견을 마친 후에는 "상대방의 말은 알아듣겠는데 이쪽에서 말할 때 적절한 표현을 모르겠다"는 말을 흔히 한다.

그러나 이건 거짓말이다. 상대의 말을 완전히 알아들을 수 있다면 통역 없이 일할 수 있다. 이 임원이 말하는 것은 '상대의 말 중에 알아들은 단어도 조금 있었다'는 의미다.

그런데 영어의 듣기 훈련은 독학이 가능하다. 굳이 영어회화 학원에 다니거나 개인교사에게 공부할 필요가 없다.

지금은 얼마든지 인터넷을 통해 교재를 구할 수 있다. 시중에서 판매하는 고가의 교재를 살 필요도 없다. 자신만의 교재를 만들어서 혼자 공부하는 것이 훨씬 효율적이다.

'학원이나 개인교사의 지도가 필요하다, 고가의 교재가 필요하다'고 하는 것은 사실 '공급자의 논리'에 불과하다. 그런 말에 쉽게 넘어가면 안 된다. 영어회화 학원은 비즈니스로 운영한다는 사실을 잊어선 안 된다. 학원은 수강생의 실력을 높이는 것이 최대 목적이 아니다. 그들은 강사의 생활 유지를 위해 수업료를 받아야만 한다.

정확한 영어를 쓰기란 어렵다

듣기에 집중해야 한다. 물론 실제로는 읽기, 쓰기도 필요하다.

영어를 읽기 위해서는 특별한 훈련이 필요하지 않지만 문제는 속독이다. 특히 '알고 싶은 것이 쓰여 있는지, 그것은 어디에 있는지' 찾아내는 것이다. 검색을 하는 것이 가장 좋은 방법인데, 그때마다 찾아보는 것도 사실은 퍽 귀찮은 일이다. 하지만 속독은 어쩔 수 없이 꼭 필요하므로 고생을 해가며 훈련할 수밖에 없다.

영어의 쓰기는 어렵다.

메일 정도는 실제로 메일을 주고받으면서 자연스럽게 익힐 수 있다. 상대 메일에 있는 표현을 따라 하면 된다.

그러나 정식 서류나 논문은 정말 어렵다. '여기에 the가 필요한가?' 헤매기 시작하면 하루 종일 생각해도 계속 헷갈린다.

이것은 영어가 모국어인 사람에게 부탁하는 것이 가장 좋다. 나는 박사 논문의 영문 확인을 동료 학생에게 부탁했다(비용을 지불하고). 일본에 돌아와 대학에서 일하게 된 후에는 대학원에 오는 유학생에게 부탁했다(이것은 식사 대접을 하는 정도로 해결했다). 지금은 인터넷에서 찾아보면 좋은 영문교정 서비스가 많다. 회사의 정식 서류나 논문은 이런 서비스를 이용하는 것이 좋다.

5

교재가 되는 음원은
웹에 있다

예전에는 음원을 구하기 쉽지 않았다

교재는 어떻게 입수해야 할까?

예전에는 외국어를 공부하려면 학교에서 배우거나 학원에 가거나 책이나 라디오, 텔레비전의 어학 강좌 프로그램에 의존할 수밖에 없었다. 그러나 책으로는 발음을 충분히 알 수 없고, 라디오나 텔레비전 강좌는 자신의 수준과 진행에 맞는 학습이 불가능했다. 또, 여러 번 반복해서 학습하려면 녹음이나 녹화를 해야 했다. 이 문제는 녹음테이프나 CD-ROM을 사용할 수 있게 되어 상당 부분 극복되었다. 그러나 이것도 비용이 들뿐더러 집 밖에서 공부하려면 플레이어를 휴대하고 있어야 하는 문제가 있었다.

앞서 말했듯이 나는 미국 유학을 마치고 일본에 돌아온 후부터 영어 훈련을 시작했다.

미군 극동 방송인 FEN의 뉴스 해설을 카세트테이프에 녹음해서 들었다. 당시는 외국어의 라디오 방송을 녹음하는 것 외에 음원을 구할 방법이 없었다.

지금은 인터넷에서 얼마든지 찾을 수 있다

그때에 비하면 지금은 이용할 수 있는 음원이 많이 늘었다. 인터넷에서 양질의 무료 음원을 얼마든지 찾을 수 있다.

여러 관점에서 봤을 때 이 방법이 가장 편리하다.

우선 자신의 취향과 필요에 맞는 것을 적극적으로 선택할 수 있다. 대부분 무료다. 또, 녹음이나 녹화를 하지 않아도 스마트폰으로 어디서나 들을 수 있다. 이렇게 해서 학습의 가능성이 크게 넓어졌다.

외국의 텔레비전 방송도 볼 수 있다. 유튜브에는 다양한 설명과 강의가 올라와 있다. 영상이 있어서 이해하기 쉽다.

내용을 공부할 수도 있어 그야말로 일석이조다.

해외근무나 외국출장을 앞두고 있는 사람, 혹은 토익(TOEIC) 등의 영어 시험에 응시해야 하는 사람에게 필요한 영어 공부 도구를 지금은 손쉽게 무료로 사용할 수 있게 된 것이다.

인터넷에 접속만 하면 된다. 당장 실행해보자.

'무료로 양질의 음원을 구할 수 있다'는 것은 인터넷이 가져다준 최대 이익 중 하나다. 우리 세대는 이용할 수 없었던 공부 수단을 지금은 이렇게 간단히 얻을 수 있다.

전문용어를 공부하기 위해서는

전문용어를 공부하려면 어떻게 해야 할까?

가장 좋은 방법은 그 분야의 강의를 외국어로 수강하는 것이다. 단, 이것은 쉽게 실행할 수 없다.

그 외의 방법도 있다. 그것을 위한 교재는 웹에서 풍부하게 얻을 수 있다.

예를 들면, 미국 대학의 강의를 보면 좋을 것이다. 대학에서 제공하는 동영상은 시간제약이 없어서 분량이 꽤 길다.

미국 대학의 강의는 인터넷 유튜브에서도 들을 수 있다. 미국 대학의 강의가 어떤 것인지 아는 것만으로도 의미가 있다.

인터넷에는 정치가의 연설집도 있다. '뉴스 해설과 대학 강의의 영어 속도가 빨라서 알아들을 수 없다'는 사람은 연설부터 시작하는 것이 좋다. 연설은 일상영어보다 속도가 느리고 단어 하나하나를 분명하게 말하기 때문에 알아듣기 쉽다.

또, 여러 분야의 연설이 있어서 자신이 흥미를 갖는 분야를 선택하면 된다. 언어 공부에서는 흥미를 잃지 않는 것이 가장 중요하다. 그런데 학교 교과서의 문제는 흥미를 끌지 못하는 데 있다.

또, 낭독 사이트를 활용하는 방법도 생각할 수 있다. 인터넷에는 무료로 이용할 수 있는 낭독 사이트가 있다.

이런 사이트에서는 꽤 긴 문장도 읽어준다. 임의의 내용을 읽을 수 있다는 점에서 편리하다. 또, 말하는 속도도 바꿀 수 있다. 물론 그것은 자연스러운 영어는 아니다.

유튜브에 있는 영어 교재

유튜브에는 영어 독학에 사용할 수 있는 동영상이 많다. 그럼, 구체적으로 어떤 동영상을 선택해야 할까?

그것은 어떤 영어를 배우고 싶은지에 따라 다르다.

첫째, 기본적인 영어를 배우고 싶은 경우다.

이 목적을 위해서는 영국공영방송 BBC가 영어를 모국어로 하지 않는 사람들을 위해 만든 'BBC 6 Minute English'가 편리하다. 스크립트도 제공되어 있어 문장을 알아듣지 못하는 사람에게는 무척 편리하다.

이것은 BBC가 제작한 것이므로 당연히 '영국식 영어'다. 일반적으로 영국 영어와 미국 영어는 악센트가 다르다. 'BBC 6 minute English'의 영어는 영국식 발음이 강하지 않지만 미국 영어를 공부하고 싶은 사람은 'Learn English with VOA' 등의 미국 동영상 앱을 활용하는 것이 좋다.

둘째, 비즈니스에 도움이 되는 영어를 배우고 싶은 경우다.

유튜브에는 비즈니스에 도움이 되는 동영상이 많다. 관심 있는 분야를 검색하면 적당한 영상을 찾을 수 있다. 그러나 자막이 없는 동영상도 많다.

특히 'BBC 6 minute English'나 'Learn English with VOA' 중에는 영어 자막과 함께 경제나 기술에 대한 주제를 다루는 것이 많다.

유튜브의 경우는 선택한 동영상과 관련된 동영상이 오른쪽에 게시된다. 그것을 보면 관심이 생겨 다음 동영상을 선택하게 된다. 그렇게 해서 자기도 모르는 사이에 여러 개의 동영상을 보며 공부하게 된다. 그렇게 하다 보면 어느 사이에 자막 없이도 영어를 알아듣고 있는 자신을 만날 수 있다.

셋째, 영화 등의 명장면과 명연설을 보고 그것을 흉내 내고 싶은 경우다.

이것 역시 좋은 동영상이 많다. 그러나 자막이 있는 것이 적다. 또, 유튜브에는 불법으로 업로드된 것도 있어 주의해야 한다.

모국어로 번역해서 이해하면 안 된다

유튜브 동영상으로 영어 공부를 할 경우, 자막이 있는 영상이 많지 않은 것이 문제일 수 있다. 동영상에 자막이 없어도 유튜브 화면에 있는 '자막' 버튼을 '온(on)'으로 하면 영어 자막이 나타나기도 한다. 그런데 이것은 컴퓨터의 음성인식 기능에 의해 자동적으로 만들어진 것이라서 정확하지 않은 경우가 있다. 또, 원래 동영상에 자막이 있는 경우 '자막'을 '온'으로 하면 중복되므로 '오프(off)'로 해두는 것이 좋다.

DVD나 블루레이 디스크(대용량 광〈光〉 디스크)의 경우는 대부분 자막이 있기 때문에 모르는 곳을 반복해서 볼 수 있어 편리하다. 영화는 DVD나 블루레이 디스크로 보는 것이 좋다.

외국 영화를 볼 때는 주의해야 할 점이 두 가지 있다.

첫째, '자막'은 모국어로 번역된 것이 아닌 외국어(영어) 자막으로 봐야 한다. 그렇게 하지 않으면 모국어로 이해하게 되어 외국어 공부가 되지 않는다.

일반적으로 외국어 공부를 할 때 흔히 빠지기 쉬운 실수가 '모국어로 번역해서 이해하려는 것'이다. 외국어 공부는 외국어 그대로 이해해야 한다. 그렇게 하지 않으면 영어를 실용적인 목적으로 사용할 수 없다. 일일이 모국어로 번역하면 일상적인 커뮤니케이션 속도에 따라갈 수 없다.

많은 사람이 무의식중에 '우리말로 번역해서 이해하자'고 생각하는 것은 학창시절의 잘못된 영어 교육이 초래한 폐해다. 우리 세대의 영어 수업은 '영어를 읽고 그것을 모국어로 번역하고 그 다음에 문법에 대해 설명하는 방식'으로 이루어졌다. 지금도 그런 방식이 계속되고 있지 않을까?

본래 외국어 수업에서는 모국어를 전혀 사용하지 않고 외국어만으로 수업을 진행해야 한다. 그렇게 하지 않는 것은 교사에게 그럴 능력이 없기 때문이다.

둘째, 항상 '외국어 듣기'를 의식해야 한다.

영화를 볼 때, 외국어 자막을 보는 것도 좋지만 거기에 만족하지 말고 온 신경을 집중하고 의식해서 들어야 한다. 자막을 보면 알아듣지 못하는 말이 무엇인지 알 수 있다.

'듣고 이해하자'는 의식을 갖지 않으면 여러 번 들어도 외국어 공부가 되지 않는다. 듣고 이해하려고 하면 무의식중에 듣기 능력이 향상된다. 그런 식으로 반복하게 되면 결국 변화가 생긴다.

6

출퇴근 지하철 안에서
공부한다

출퇴근 지하철은 공부하기에 최적의 환경이다

'공부의 필요성은 알지만 시간이 없다'는 사람이 많다. 나는 그런
이들에게 출퇴근 시간의 활용을 권한다.

출퇴근 지하철에서도 열심히 외국어 공부를 할 수 있다. 듣기
만 하는 경우라면 만원 지하철에서도 가능하다. 이어폰으로 들
으면 주위에 피해를 주지 않는다.

출퇴근 지하철 안에서는 달리 할 일이 없기 때문에 집중해서
학습에 전념할 수 있다. 그리고 지속할 수 있다. 그래서 지하철은
외국어를 공부하기에 최적의 장소다. 지금껏 무의미하게 흘려보

냈던 출퇴근 시간을 어학 학습을 위한 황금시간으로 바꿀 수 있다. 전화위복이 될 수 있다.

이런 가능성을 이용하느냐, 이용하지 않느냐로 수년 후 업무 능력에 큰 차이가 생긴다.

2년간 공부하면 된다

그렇다면 이런 식의 공부를 얼마나 계속해야 할까? 외국어를 어려움 없이 사용하기 위해 필요한 공부 시간은 4,000시간이라고 한다. 그런데 영어의 경우는 학교 과정에서 이미 공부하고 있다. 얼마나 공부했는지는 사람에 따라 다르지만 자습과 복습 시간을 넣으면 2,000~3,000시간 정도일 것이다. 출퇴근 시간이 왕복 2시간이라 하고, 주말과 공휴일을 제외하면 2년 동안 거의 1,000시간이 된다. 따라서 2년간 출퇴근 시간에 공부를 계속하면 무리 없이 영어를 쓸 수 있게 된다.

물론 2년이 짧은 시간은 아니다. 그러나 외국어 공부에는 반드시 시간이 필요하다. 손쉽게 영어를 잘할 수 있는 방법은 없다. 어느 정도 시간이 걸리는 것은 어쩔 수 없다.

하지만 '2년간 계속해서 공부하면 영어를 구사할 수 있게 된다'는 사실에 주목하자. 무한히 긴 시간이 필요한 것이 아니다.

세상에는 '필요하기는 하지만 충분하지는 않은 것'이 많다. 그러나 여기서 말하는 것은 필요충분조건이다.

비싼 수업료를 지불할 필요도 없고 특수한 능력도 필요하지 않다. 단단한 '마음가짐'만 있으면 된다.

영어를 '자기편'으로 만들자

이상의 방법을 성공시키기 위해 가장 중요한 것은 '재미와 지속'이다. '힘들지만 계속한다'라는 마음으로는 2년을 버티기 어렵다. 영어 공부에서는 흥미를 갖고 긴 훈련을 지속하는 것이 중요하다. 그리고 원래 외국어 공부는 재미있다.

또 하나 중요한 것은 '영어는 내 편이다'라는 생각이다. 영어는 가능성을 열어준다는 의미에서 강력한 무기가 된다. 한 번이라도 그런 체험을 하게 되면 영어를 공부하는 태도가 달라진다.

그러나 영어를 미워해야 할 대상, 싸워야 할 대상으로 생각하면 공부가 고행이 된다. 그러면 당연히 능률도 떨어질 것이다. 그로 인해 시험 성적이 떨어지면 영어가 더욱 싫어지는 악순환에 빠진다.

들을 수 있으면 정보수집 능력은 월등히 높아진다. 외국의 텔레비전 프로그램(인터넷으로 볼 수 있다)을 통해 정보를 모을 수 있기 때문이다.

무엇보다 '듣고 이해하는 것'은 즐거운 일이다. 처음에는 아무것도 몰랐는데 차츰 귀가 열린다. 그전까지 안갯속에서 희미하게 보였던 것이 차츰 또렷해진다. 이 얼마나 신나는 일인가. 그래서 실용적인 목적이 없어도 외국어 공부에는 큰 의미가 있다.

비즈니스 영어는 독학으로만 습득할 수 있다

지금까지의 설명을 정리해보자. 영어 공부는 독학할 수 있고, 독학으로만 습득할 수 있다. 그 이유는 다음과 같다.

첫째, 일에서 필요한 것은 전문 분야의 영어다. 학원에서는 이것을 제공할 수 없다.
둘째, 영어 공부에는 문장을 통째로 외우는 것이 필요하고, 그렇게 하려면 반복해서 읽고 들어야 한다. 이것은 혼자서 할 수밖에 없다.
셋째, 교재가 되는 음원을 쉽게 입수할 수 있다.

실천 방법으로는 출퇴근 지하철 안에서 꾸준히 영어를 듣고 암기하는 연습을 하는 것으로, 2년간 계속하면 된다.

CHAPTER 9

검색은 독학의 중요한 도구다

능동적으로 지식을
끌어당기는 태도가 중요하다

검색 전에 '무엇을 알아야 할까'를 확실히 한다

검색은 독학을 해나갈 때 매우 중요한 도구다. 검색의 효과적인 활용은 효율적인 독학을 위해 반드시 필요하다.

그런데 이것은 7장에서 설명한 방법에 따라 공부 커리큘럼을 만든 후에 하는 작업이다.

'내가 알고 싶은 것은 무엇일까?', '내가 해야 할 것은 무엇일까?'를 확실히 한 다음의 작업이다.

그런 단계를 거치지 않고 검색하면 단편적인 정보의 바다에서 허우적거릴 수 있다.

무엇을 알아야 하는지 방향을 명확히 할 것. 이것이 독학에서 가장 중요한 과제다.

검색은 태도의 문제다

검색은 첫째, 태도의 문제이고 둘째, 기술의 문제(검색 방법론)다. 가장 중요한 것은 '모르는 것을 검색으로 찾아본다'는 태도다.

이것에 대해서는 세대별로 차이가 있다.

어느 정도 나이 든 세대는 젊었을 때 검색이란 것을 접하지 못했기 때문에 지식을 얻으려면 책을 보거나 전문가에게 묻는 편을 선택했다. 본능적이고 자동적으로 그런 태도를 취한 것이다.

그에 비해 젊은 세대는 모르는 것이 있으면 자연스럽게 스마트폰을 꺼내 검색한다.

지금은 스마트폰으로, 그것도 음성검색으로 간단히 검색할 수 있다. 따라서 검색이란 행위에 익숙하지 않은 세대도 '검색으로 찾아본다'는 태도를 가져야 한다.

하루에 한 번도 검색할 일이 없다면 그 사람의 지적생활에는 문제가 있다. 이 점에 대해 우선 진지하게 생각해봐야 한다. 외부에서 들어오는 정보에 수동적으로 대응할 뿐, 스스로 배우려는 능동적인 의식이 없다는 사실을 반영하기 때문이다.

1장에서 말했듯이 검색을 하는 것은 독학의 첫걸음이다.

정보는 스스로 찾는다

세상에는 일방적으로 '밀어내는' 정보를 수동적으로 그냥 받아들이는 사람들이 무수히 많다.

이것은 텔레비전 시청 시간이 긴 사람들을 봐도 알 수 있다. 텔레비전은 수동적 수단의 전형적인 예다. 화면에서 흘러나오는 정보를 단순히 받아들이기만 한다. 해결하고 싶은 어떤 문제를 위해 정보를 능동적으로 찾는 수단으로 텔레비전을 사용하는 것은 일단 불가능하다.

미국에서는 색인이 없는 책은 전문서로 보지 않는다. 정보를 능동적으로 끌어당기고 싶어서 책을 읽는 사람이 많기 때문이다.

정보에 대한 이런 태도의 차이는 인터넷에서 더욱 명확히 나타난다.

정보를 스스로 찾는, 즉 '풀(Pull)' 도구로 인터넷을 사용할 때도 날씨나 주식정보, 레스토랑 위치를 찾는 정도로만 사용하는 사람도 많다. 물론 이것으로도 유용한 정보를 입수할 수 있지만 그것으로 끝내기에는 너무 아깝다. 인터넷으로 정보를 '풀'하는 기능은 그보다 훨씬 다양하다.

물론 일방적으로 흘려보내는 정보를 부정하는 것은 아니다.

'세상에서 어떤 일이 일어나고 있나'를 알 필요는 있다. 나는 그것을 위해 신문 기사의 표제어를 본다(TV 뉴스는 뉴스 시간까지 기다려야 하고, 상대적 중요도를 비교할 수 없기 때문에 신문 기사가 더 편리하다).

검색에서는 체계를 몰라도 지식을 얻을 수 있다

검색 서비스를 이용하면 지식 체계를 몰라도 지식을 얻을 수 있다. 단어를 알면 그 의미를 직접 알 수 있다. 차근차근 체계를 밟지 않아도 '밑에서부터 조사할 수 있다.' 목적에 직접 다다를 수 있는 것이다.

이것은 백과사전식 방법론이다. 백과사전의 경우, 체계에 따라 지식이 정리되어 있지 않고 알파벳 순서로 대상이 나열된다. 옆에 있는 항목과 내용상의 관계는 전혀 없다. 그러나 목적하는 대상을 알고 있으면 직접 그곳에 접속할 수 있다.

체계에 관계없이 지식을 얻을 수 있다는 것은 독학자에게 매우 고마운 일이다.

　단, 독학에서는 알고 싶은 것의 대략적인 체계를 우선적으로 파악할 필요가 있다. 그렇게 하지 않으면 정보의 홍수 속에서 헤매기 일쑤다.

효율적인 역방향 공부가 가능하다

전통적인 방법으로 지식을 얻으려면 학문 체계에 따라 기초지식부터 차례로 습득해 목적하는 지식을 획득한다. 이것은 '전체에서 부분을 얻는 방법'이다.

　이에 비해 3장에서 설명한 역방향 공부법은 직접 목적하는 지식을 학습한다. 설명 중에 모르는 부분이 있으면 다른 항목을 참조해서 그것을 학습한다. 이런 방법으로 학습하기 때문에 '부분에서 전체로'라고 말할 수 있다.

　그런데 웹사이트를 검색해서 단어의 의미를 찾는 경우는 지식 체계에 관계없이 직접 목적에 도달할 수 있다. 또, 배우고 싶다고 생각하면 보다 넓은 개념으로 거슬러 올라갈 수 있다. 이것도 '부분에서 전체를 아는 방법'이다.

　이처럼 검색을 활용한 공부법은 3장에서 설명한 역방향 공부법과 기본적으로 같다. 바꿔 말하면, 역방향 공부법을 실천하려면 웹 검색이 가장 효율적인 방법이다.

내가 역방향 공부법으로 공부했을 때는 인터넷도 검색엔진도 없었다. 그 후 IT 발전으로 마치 백과사전으로 조사하는 것과 똑같은 일을 간단히 할 수 있게 되었다. 이것으로 역방향 공부의 효율성은 크게 상승했다.

백과사전으로 학습할 경우에는 어쩔 수 없이 다른 항목을 참조할 필요가 있다. 그런데 인쇄물인 백과사전은 이 작업이 상당히 번거롭다. 여러 권의 백과사전을 펴봐야 할 필요가 있고, 이것은 물리적으로 힘든 작업이다.

그런데 인터넷에서는 다른 항목을 간단히 참조할 수 있다. 기사에 따라서는 중요개념이 링크가 되어 있어서 그것을 클릭하면 바로 관련 사이트로 점프해 그 개념에 관한 설명을 읽을 수 있다. 이것은 '하이퍼링크(hyperlink)'라는 기술로, 인쇄물 시대에는 상상도 못했을 만큼 간단히 다른 항목을 참조할 수 있게 되었다.

인터넷 시대에는 효율적인 역방향 공부법이 가능해진 것이다.

2

검색
요령

목적하는 대상으로 범위를 한정하려면 어떻게 해야 할까

검색어를 하나만 입력해서는 상당히 많은 대상이 나열된다. 그 중에는 일반적인 사항의 기술일 뿐 정작 알고 싶은 내용과 관계 없는 글도 적지 않다. 이래서는 목적하는 대상을 알 수 없다.

예를 들어, '금융완화'라는 단어 하나만 입력하면 일반적인 해설과 현재 문제가 되는 뉴스 기사를 찾게 될 뿐이다.

독학을 위해서는 그중 무엇을 찾아야 하느냐가 중요하다. 그런 문제의식이 중요하고 거기에 맞게 자신이 알고 싶은 내용을 담고 있는 웹사이트를 찾아낼 필요가 있다. 즉, 범위를 '한정'해야 한다.

이럴 때는 알고 싶은 것을 문장으로 입력하는 것이 한 방법이 된다. 예를 들어, '금융완화 정책과 실질임금의 관계는 어떤가' 하는 식이다.

문장을 입력해도 검색 엔진은 접속사나 조사는 무시하기 때문에 키워드의 'and' 검색이 이루어진다(and 연산자〈공백, +, &〉를 이용해 키워드를 입력할 경우, 연산자 좌우의 검색이 모두 나타나는 데이터를 찾는다. 구글의 경우는 여러 개의 검색어를 입력했을 때 기본적으로 'and'로 검색한다.

이런 경우에는 검색된 기사 중에 목적하는 단어가 들어 있지 않아도 그중에 뭔가 힌트가 들어 있을지도 모른다. 거기서부터 목적하는 개념에 도달할 수 있는 경우도 있다.

검색어를 모를 때는 어떻게 할까

검색엔진을 이용할 수 있게 되면서 '키워드'를 아는 것이 중요해졌다. 검색의 요점은 적절한 키워드다.

그렇다고 언제나 키워드를 아는 것은 아니다. 알고 싶은 개념의 이름을 매번 정확히 아는 것은 아니다.

'단어는 아는데 그 의미를 모를 경우'는 검색하는 것이 간단한

데, 그 반대는 어렵다.

'의미는 막연하게 알지만 검색해야 할 키워드를 모든다(혹은 잊어버렸다)'고 할 경우는 어떻게 할까?

예를 들어, 금융완화 문제를 생각했을 때 '완화가 장기화되면 오히려 경제를 억압하게 된다'는 학설이 생각났다고 하자. 그 학설의 이름이 무엇이었나? 제안자가 누구였나?

'금융완화'를 키워드로 하면 상당히 많은 기사가 검색된다. '금융완화에 관한 법칙'으로 찾으면 다른 법칙이 검색된다.

이런 경우는 주변의 단어나 문장을 실마리로 해서 차례로 확인할 수밖에 없다. 그렇게 해서 관련하는 문장 중에 키워드가 나오기를 기대한다.

그러나 목적에 다다르기 위해서는 상당한 시행착오가 필요하다. 게다가 이것은 학설로, 법칙이라고는 할 수 없으므로 '법칙'을 키워드에 입력하면 도리어 찾기 어렵다. 이런 문제는 금융 전문가에게 물으면 바로 가르쳐줄 것이다. 지식은 여전히 중요하다. 이렇게 검색할 경우, 진짜 자신이 알고 싶은 정보를 찾아내기란 쉽지 않다.

최근의 검색엔진은 인공지능적인 검색을 하도록 되어 있지만 그래도 충분하지는 않다.

팔척뛰기 검색법

검색어를 모르는 것은 이런 전문적인 경우만은 아니다. 예를 들어, 어떤 배우에 대해 검색하고 싶은데 좀처럼 이름이 생각나지 않는다고 하자. 그 배우가 출연한 영화는 몇 편인가 봤는데 영화 제목도 기억나지 않는다. 이런 경우, 배우의 이름을 어떻게 알 수 있을까?

한 가지 방법은, 함께 출연한 배우의 이름으로 검색해 영화제목을 찾아서 거기에 출연한 배우의 이름을 조사하면 된다.

혹은 그 영화의 대략적인 줄거리를 기억하면 스토리에 관계되는 키워드를 검색해 영화 제목을 찾는 방법도 있다.

예를 들어, 지하국가, 반란, 여성 수상이라는 키워드를 입력해 〈헝거 게임 : 더 파이널(The Hunger Games : Mockingjay – Part2)〉이라는 제목을 알아낸다. 거기까지 가면 '줄리안 무어'라는 이름을 알아내는 것은 간단하다.

즉, 관련 사이트를 여기저기 돌아다니는 것이다. 나는 이 방법을 '팔척뛰기(八艘飛び. 헤이안 후기의 무장 미나모토노 요시쓰네가 전투에서 8척의 배를 뛰어 건너 도주했다는 고사에서 유래한다 – 옮긴이) 검색법'이라고 한다.

검색 요령의 진수는 '어떻게 검색어를 찾아내는가'에 있다. 많

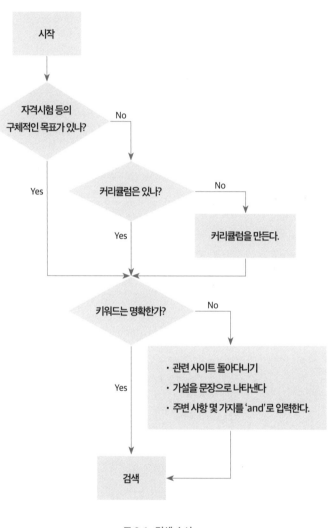

시작

자격시험 등의
구체적인 목표가 있나?

No

커리큘럼은 있나?

No

커리큘럼을 만든다.

Yes

Yes

키워드는 명확한가?

No

· 관련 사이트 돌아다니기
· 가설을 문장으로 나타낸다
· 주변 사항 몇 가지를 'and'로 입력한다.

Yes

검색

<표 9-1> 검색 순서

은 경우, 검색어를 알면 승리한다. 목적은 거의 달성되었다고 할
수 있다.

몇 가지 주의사항

최근의 검색엔진은 일반적인 사항 외에 뉴스나 동영상을 나눠서
표시한다. 구글의 경우에는 최근 문제가 되는 일을 알고 싶으면
'뉴스'를 클릭해서 열어보면 된다.

또, '더 보기' 중에 '도서'라는 분류가 있다. 이곳을 클릭해서
열면 구글 북스 데이터를 표시해주기 때문에 체계적인 지식을
얻을 수 있다.

외국어 사이트의 자동번역은 어떨까? 이전과 비교하면 상당히
개선되었다. 그러나 전문적인 내용은 여전히 수준 이하다. 읽으
면 오히려 혼란스러워진다.

그래서 번역문으로는 대략적인 내용만 파악하고 원문을 읽는
것이 더 효율적이다.

또, 중요한 정보가 있는 웹사이트를 찾으면 URL을 복사해 기
록해둘 필요가 있다. 기록해두지 않으면 나중에 다시 사이트를
찾는 데 애를 먹을 수 있다.

3

검색의
함정

함정 1 │ 신뢰성의 결여

검색은 이용 가치가 있다. 그러나 거기에는 한계도 있다는 것을 알아야 한다. 그 점을 주의하지 않으면 함정에 빠질 수 있다.

첫째, 신뢰성이다.

인쇄물이나 매스컴에서 제공되는 정보나 지식은 여러 번의 거르기(Screening) 과정을 거친다. 편집, 교열 등의 거르기를 거쳐야만 공적으로 발표되고 제공된다.

이렇게 하면 물론 거르기를 했다고 완전히 신뢰할 수 있는 것은 아니지만 일정 수준은 확보된다.

그러나 인터넷에서는 다수의 사람들이 이런 거르기 과정 없이 무작위로 정보를 발신한다. 웹에서 제공되는 정보는 이런 확인이 이루어지지 않은 것들이 대부분이다. 그래서 학교 교실의 벽신문, 혹은 마을자치회 게시판이 그전까지의 신문처럼 일반적인 수준을 갖는 매스컴으로 등장했다.

인터넷에서는 대다수가 익명으로 정보를 발신하기 때문에 무책임한 언동으로 흐르기 쉽다. 무책임한 발언, 유언비어, 가짜 뉴스, 비방 등이 쉽게 발신된다.

이런 사정을 인식해서 인터넷 정보를 무심코 신용해선 안 된다. 적어도 여러 개의 정보원을 확인해볼 필요가 있다.

웹 정보에는 단순히 다른 사이트의 내용을 복사한 것들도 있다. 그래서 여러 사이트를 확인했다고 해서 신뢰할 수 있는 것도 아니다. 서로 다른 정보원에 같은 정보가 없어야 신용한다는 신중한 태도를 가져야 한다.

〈위키피디아〉의 기사는 다양한 사람들에 의해 작성된다. 그러나 저자는 익명으로 자신의 신원을 밝히지 않는다. 그로 인해 기사 내용의 신빙성에 의문을 갖게 되는 경우가 있다. 누가 정보의 정확성에 대해 책임을 지는지 명확하지 않은 것이다. 검열자의 지적으로 수정이 되기도 하니까 오히려 신뢰할 수 있다는 의견도 간혹 있긴 하다. 실제로 기사에 따라서는 '이 내용은 충분한 참고문헌이 인용되지 않았다'는 설명이 되어 있는 경우도 있다. 그러나 그런 자기조정 능력이 얼마나 작동하는지는 알 수 없다.

예를 들어, 인명을 설명하는 항목의 경우에는 인쇄물의 인명 사전이라면 이 기재에 잘못이 없는지 본인에게 문의가 온다. 그러나 〈위키피디아〉의 인명 항목에는 이런 절차가 일절 없다. 그래서 본인이 전혀 모르는 상황에서 미지의 인물들에 의해 소개 기사가 쓰인다. 이로 인해 불쾌함을 느끼는 사람도 적지 않을 것이다. 심각한 오류가 있으면 수정을 요구할 수도 있지만 경미한 실수인 경우는 일일이 확인하는 것도 귀찮아서 그냥 방치된다. 그로 인해 잘못된 정보가 확산되는 결과를 초래한다.

인터넷의 세계는 이처럼 신뢰성이 명확하지 않은 세계다. 그래서 권위에 기대는 경향도 생길 수 있다. '유명 보도기관과 정부 관계자의 말은 신용할 수 있다'는 무비판적인 태도가 확산될 수도 있다. 이런 점에 반드시 주의해야만 한다.

함정 2 | 체계성의 결여

'웹 정보에는 신뢰성이 없다'는 사실은 많은 사람이 알고 있다. 그런 한편, '체계성의 결여'를 인식하는 사람은 많지 않다.

즉, '어떤 사항이 전체 안에서 어느 정도 중요한가?' 하는 것이다. 이것은 검색으로 단편적인 지식을 얻는 것만으로는 바로 알 수 없다. 그래서 사실은 중요하지 않은 정보에 빠져버릴 위험이 있다. 그렇게 되면 그저 단순한 '잡학박사'가 될 수도 있다.

웹은 다양한 지식의 집적소다. 그 안에 중요한 정보가 있는 것은 사실이다. 그러나 그저 잡동사니에 불과한 것들도 많다.

검색엔진은 그것들을 무작위로 표시하지 않고 어떤 기준에 따라 순서를 정해 표시한다. 그러나 그 순서가 반드시 개개인이 원하는 것과 일치한다는 보장은 없다.

지식을 체계적으로 배우기 위해서는

반면, 인쇄물인 교과서에서는 지식을 체계적으로 소개한다. 지식이 전체 안에서 어느 위치에 있는지 알 수 있다.

체계를 가장 잘 이해할 수 있는 것은 강의다. 전문가가 일정한 커리큘럼에 따라 강의를 하기 때문이다. '지식을 체계적으로 배운다'는 점에서 대학 강의보다 뛰어난 것은 없다.

7장에서 '독학에서는 커리큘럼 작성이 가장 어렵다'고 했다. 이것은 '체계를 만드는 것이 어렵다'는 의미다.

웹에서 검색으로 정보를 모으면 체계적인 정보가 되지 않을 가능성이 크다. 체계적인 것은 책의 정보이고 대학의 강의다. 이 것은 장래에도 변하지 않을 것이다.

필터 버블이란

엘리 프레이저(Eli Pariser, 미국의 시민단체 무브온〈Move on〉 이사장) 는 《생각 조종자들》에서 "구글 같은 검색엔진의 순위와 페이스 북의 엣지랭크(EdgeRank, 맞춤형 콘텐츠를 골라 제공해주는 페이스북 의 알고리즘 — 옮긴이)에 의해 사람들은 편향된 정보를 입수하게 된 다"고 지적했다.

검색엔진에서는 필터 기능이 그 사람의 과거 검색이력 등을 참고해 결과를 순위 매기기 때문에 그 사람에 가장 적합하다고 여겨지는 정보를 얻기 쉽다. 반면에 자신이 모르는 정보나 반대 의견은 검색으로 얻기 어렵다.

필터링이 이루어지면 사용자의 가치관이 왜곡되어 시야가 좁 아질 위험이 있다. 프레이저는 이것을 '필터 버블'이라고 했다.

이렇게 되면 자신도 모르는 사이에 그것에 유도당할 수 있다. 그런 점을 생각하면 검색에 지나치게 의존하는 것은 문제가 있다. 이런 위험을 피하기 위해서라도 서적 등의 인쇄물에서 지식을 얻을 필요가 있다.

최첨단 분야는 영어 사이트가 많다

최첨단 분야에 있어 상세한 정보를 얻기 위해서는 영어로 된 문헌을 찾아봐야 하는데 이 경우, 검색할 때 영어 사이트만 나오게 할 필요가 있다.

그런데 최근에는 중국어로 된 문헌을 읽어야 하는 경우도 있다. 중국어 사이트에서도 상당한 정보를 얻을 수 있다. 특히 통계 자료가 그렇다. '중국어라서 읽을 수 없다'고 처음부터 배제하지 말고 적극적으로 대응하자.

CHAPTER 10

AI 시대에 독학의
필요성은 높아진다

AI가 인간의 지적인 일을 대체한다

딥 러닝으로 AI의 능력이 높아진다

AI의 능력이 급속히 높아지고 있다. 사전에 배운 것뿐만 아니라 주어진 데이터로 학습해서 똑똑해진다. 이것은 '딥 러닝(Deep Learning, 컴퓨터가 사람처럼 생각하고 배울 수 있도록 하는 기술)'이라는 기계학습 기술이다. 인간의 신경세포(뉴런)의 작동을 흉내 낸 구조(뉴럴 네트워크〈Neural Network〉, 인간의 뇌신경 세포와 그 결합 구조를 본떠 만든 전자 회로망)를 컴퓨터에 만들어서 대량의 데이터로 학습시키는 것이다. 딥 러닝으로 AI의 발전은 가속화하고 있다.

지금까지는 인간이 해오던 것을 컴퓨터가 더욱 효율적으로 수

행할 수 있게 되었다.

컴퓨터와 로봇이 대체하는 것은 단순노동 중심이었다. 그러나 최근에는 컴퓨터가 지적노동 분야에도 진출하고 있다.

예를 들어, 바둑 대결에서도 인간을 꺾었다. 번역도 할 수 있다. 주어진 데이터로 기사도 작성할 수 있다.

작곡도 하고 자연법칙도 발견할 수 있다.

AI는 비즈니스에서도 사용된다. 빅데이터를 활용해서 개인에 맞는 맞춤 조언이 가능해졌다.

블록체인은 경영자의 일을 대체한다

컴퓨터가 인간의 일을 대체한다고 할 때, 보통은 위와 같은 AI의 영향이 문제가 된다.

그러나 그것만이 아니다. 블록체인(Block Chain) 기술도 근로 방식에 큰 영향을 준다.

블록체인은 가상화폐의 기초가 되는 기술이다. 컴퓨터로 정보를 기록하고 관리한다.

지금까지 관리자나 경영자가 했던 일을 '스마트 컨트랙트(Smart Contract, 스마트 계약. 블록체인 기반으로 금융거래, 부동산 계약, 공증 등

다양한 형태의 계약을 체결하고 이행하는 것)'라는 컴퓨터 프로그램으로 대치해 실행할 수 있다. 그렇게 하면 관리자나 경영자의 업무를 대체하게 되는 것이다.

실제로 비트코인은 관리자 없이 운영된다. 블록체인의 기술은 비트코인뿐 아니라 다양한 분야에서 응용된다. 그래서 관리자나 경영자가 없는 사업체가 등장할 것으로 예측된다.

2

AI 시대에는
혼자 공부하기 쉬워진다

시맨틱 검색으로 검색이 쉬워진다

AI는 지금껏 인간이 했던 일을 대체할 뿐 아니라 인간의 지적인
작업을 보조하고 효율을 향상시킨다.

AI와 블록체인은 독학에도 도움이 된다.

컴퓨터의 위협 요소만 언급할 것이 아니라 AI와 블록체인을
이용할 필요가 있다. 그렇게 할 수 있는 사람이 결국 미래의 승자
가 될 것이다.

예를 들어, AI로 검색이 쉬워진다. 이것은 '시맨틱 검색(Semantic
Search, 맨틱 웹 기술을 사용한 의미 검색. 키워드 기반이 아닌 단어와 단

어 사이의 관계나 의미 파악을 통해 사용자 검색 질의에 대한 명확한 의미를 이해하여 검색 결과를 제공한다)'이라고 하는데, 시맨틱은 '의미적(Semantic)'이라는 뜻이다.

시맨틱 검색에서는 AI가 검색 키워드의 의미를 이해해 꼭 필요한 정보를 골라준다. 키워드를 모르는 경우에도 알고 싶은 것을 컴퓨터가 이해하고 그것을 찾아준다. 이미 부분적이기는 하지만 이런 검색들이 이루어지고 있다. 만물박사를 상대로 묻는 것 같은 검색이 가능해지고 있는 것이다.

9장에서 보았듯이 검색에서 문제가 되는 것은 적절한 검색어를 찾지 못하는 경우다. 시맨틱 검색에서는 AI가 인간의 의도를 추측해주므로 알고 싶은 것을 쉽게 찾을 수 있다.

또, 알고 싶은 것이 외국어로 된 문헌에만 있는 경우도 많다. 그럴 때는 언어가 장벽이 된다. 영어 이외의 외국어일 경우에는 특히 그렇다. 그러나 자동번역이 발전하면 외국어 문헌을 읽는 것도 어렵지 않다.

이렇게 해서 획득할 수 있는 지식이 넓어질 것이다.

하지만 현재는 자동번역 기능이 충분하지 않아서 영어를 읽을 수 있는 능력의 의미는 크다. 또, 이후에 언급하듯이 문학 작품의 경우에는 아무리 자동번역 기능이 발달해도 원문을 읽는 의의는 남아 있다.

패턴인식 능력이 향상해 검색할 수 있는 대상이 넓어진다

정보를 전달하는 방법으로는 텍스트(문장) 외에 음성과 영상이 있다. 그런데 지금껏 검색이 가능했던 것은 이들 가운데 주로 텍스트 문서였다. 영상은 정보 전달에서 중요한 역할을 하는데도 그것을 검색하기란 쉽지 않았다.

그러나 앞서 설명했듯이 AI를 이용한 패턴인식 능력이 발달해서 영상 검색도 가능해졌다. 전문가가 아닌 일반인도 이미 구글 동영상 검색을 이용해 '비슷한 영상'을 검색할 수 있다. 2015년도에 있었던 도쿄 올림픽 엠블럼 사건(2020년에 열리기로 되어 있던 도쿄 올림픽 엠블럼을 2015년에 사전 공개했는데 표절 의혹에 휘말려 폐기되었다 – 옮긴이)에서는 이 기능을 이용해 디자인 도용이 지적되기도 했다. 영상검색 기술이 발전하면 우리의 지식획득 능력은 더욱 향상될 것이다.

블록체인에 개인의 학습 이력을 기록한다

블록체인을 이용하여 개인의 평생에 걸친 학습 이력을 기록하는 프로그램이 개발되었다.

그중 하나가 '러닝 이스 어닝(Learning is Earning, 학습은 소득이다)'으로, 학교 교육뿐 아니라 커뮤니티 칼리지(Community College, 지역 전문대학)나 개인에게 배운 것도 대상이 된다. 블록체인에 기록한 데이터를 취업 등의 다양한 기회에 활용할 수 있게 하는 프로그램이다.

지금도 취업을 할 때는 학력과 학교성적 외에 토익 등의 시험 결과를 참고하는 경우가 있다. 단, 그것들은 특정 목적을 위해 참고해 체계적으로 이용하려는 것이다.

대학입시 때 고등학교 학생기록부는 참조하지만 참고자료 정도에 불과하다. 하물며 학교 시스템 이외의 교육을 참고하지는 않는다. 그것들은 신뢰할 수 있는 자료가 아니라 간단히 처리할 수 있는 전자적인 데이터로 통일되어 있지 않기 때문이다.

그리고 현재 대학 과정은 일단 입학하면 성적이 나빠도 졸업할 수 있다. 그래서 유명대학에 입학하면 인생의 패스포트를 얻은 듯한 착각에 빠져 열심히 공부하지 않는다.

이래서는 좀처럼 공부할 의욕이 일지 않는다. 생애학습의 필요성을 강조해도 공부한 것에 대한 적절한 보상이 없으면 자극을 받지 않는다. 그래서 취직한 후에는 공부보다는 상사의 비위를 맞추거나 직장 내 인간관계를 더 중시하게 된다. 일본의 경우에도 경제가 정체되는 큰 원인은 사람들이 대학입시를 경계로 더 이상 공부하지 않기 때문이다. 그런데 이러한 현상이 점점 바뀌고 있다.

또, 이 시스템을 장학금과 결합할 수도 있다. 투자가가 장래 유망하다고 기대되는 학생에게 투자를 하는 것이다. 장학금 제도를 시장에서 운영한다는 아이디어는 오래전부터 경제학자들이 꿈꿔왔던 일이다. 그러나 평가가 어려워서 실현할 수 없었다. 그것이 원리적으로는 가능해진다.

'Learning is Earning'이라고 하면, 학습을 수입으로 연결하는 실리주의 같아서 반발하는 사람이 있을 것이다. 또, 개인의 능력이 숫자로 적나라하게 드러나는 것에 저항감을 가질 수도 있다.

그러나 연줄, 연고, 사적인 정으로 취직이 정해지는 것에 비하면 훨씬 투명하고 공평하다. 지금까지는 진짜 능력을 가진 사람이 제대로 평가받지 못하고 우연히 사회적 지위가 높은 가정에서 태어났다는 이유만으로 이익을 얻는 일이 많았다. 그런 불공평이 없어지는 것은 채용하는 쪽에서 바람직한 일이다.

AI 시대에는 배움의 가치가 더 높아진다

무엇이 인간의 일일까, 인간은 무엇을 할까

지금껏 인간이 했던 일을 컴퓨터가 대체하는 시대다. AI와 블록체인이 인간의 일을 빼앗는다. 전문가나 경영자의 일도 안전하지 않다. 이런 상황은 이전에도 있었다. 예를 들어, 산업혁명이 그렇다. 그러나 이번에는 더욱 영향이 크다.

그럼 그런 시대가 되면 인간의 일은 없어질까?

물론 어떤 부분에 있어서는 인간보다 컴퓨터의 능력이 높다. 장기도 체스도 그렇다. 이런 분야에서는 인간이 컴퓨터와 경쟁해도 소용이 없다. 사람이 자동차와 경주해봤자 이길 수 없는 것과 같은 일이다.

그러나 모든 면에서 인간이 뒤처지는 것은 아니다.

실제로 현재의 AI는 모든 분야에서 인간과 동등한 일을 할 수 있는 것은 아니다. AI가 할 수 있는 것은 특정 분야에 한정된다 (이것을 '특화형 AI'라고 한다).

많은 사람이 AI에 갖고 있는 이미지는 여러 분야에서 널리 쓰이는 '범용 AI'다. 이것은 인간 이상의 감각과 다양한 판단력을 갖추어 인간과 똑같이 생각하는 컴퓨터다. 스타워즈의 'C-3PO'처럼 공상과학 영화에 등장하는 AI다. 그러나 인류는 아직 (적어도 현재 시점에서는) 그것들을 실현하지 못했다.

중요한 것은, AI가 단순작업을 대체함으로써 가치가 높아지는 인간의 일도 있다는 것이다.

'어디에서 인간의 일을 찾을까?'

끊임없이 묻는 자세가 필요하다.

AI 시대에 더 커지는 문제의식의 중요성

AI 시대에는 '내가 알고 싶은 것은 무엇일까?', '내가 해야 할 것은 무엇일까?'를 생각하는 것이 중요하다.

이것은 지식탐구에서 가장 중요한 과제다. 그리고 그것은 그 사람이 습득한 지식과 문제의식으로 결정된다.

'무엇을 알아야 하는지 방향을 정하는 것'이 중요하다. 이것은 AI로도 해결할 수 없는 문제다.

앞서 '검색어를 어떻게 선택하느냐가 중요하다'고 했다. 그리고 단어 하나가 아니라 문장으로 검색하자고 했다. 이것은 문제의식이 확실하지 않으면 불가능하다. 문제의식을 갖지 않고 검색하면 지식의 바다에서 혼란에 빠지게 된다.

AI 시대에도 여전히 필수적인 외국어 공부

자동번역 시스템이 발달하고 있다. 자동번역이 가능해지면 외국어 공부는 필요 없어질까?

절대 그렇지 않다. 아직까지 자동번역으로는 인간 언어의 그 미묘한 차이를 전달할 수 없다. 또, 정확한 번역이 꼭 좋은 것만은 아니다.

예를 들어 문학작품의 경우, 번역서와 원작은 이미 다른 작품이다. 괴테의 《파우스트》에 대한 진가는 독일어로밖에 이해할 수 없다. 다른 언어로 번역했다는 것만으로 그 가치는 크게 감소된다. 그래서 아무리 자동번역이 발달해도 외국어를 습득할 필요가 있다. 외국어를 구사할 수 있는 힘은 AI가 발달해도 여전히 요구되는 능력이다.

아이디어를 발상하기 위해서는 지식이 필요하다

프랜시스 베이컨(Francis Bacon)은 "지식은 힘"이라고 주장했다.

그러나 요즘 일각에서는 '더 이상 지식은 필요하지 않게 되었다'는 견해도 있다.

구글의 전 최고정보책임자 더글러스 메릴(Douglas C. Merrill)은 "(이전에는) 지식이 힘인 시대였는데, 그것은 오래전 살기 좋았던 시절의 추억에 불과하다"고 했다(《구글의 마법》). 인터넷 보급으로 지식을 쉽게 얻을 수 있게 되었기 때문에 지식은 경제적 가치를 잃었다는 것이다.

혹은 지식은 외부 메모리에 있으면 된다는 의견도 있을 수 있다. 확실히 박식함의 가치는 저하되었다. 더 이상 '걸어 다니는 백과사전'은 필요하지 않게 되었다.

그러나 나는 지식의 가치 자체가 저하되었다고는 생각하지 않는다. 그것은 다음과 같은 이유에서다.

새로운 정보를 접해서 그것에 어떤 가치가 있는지 판단할 때는 기존에 갖고 있는 지식이 토대가 된다. 새로운 정보를 접해도 지식이 없으면 아무것도 느끼지 못한다. 그러나 지식이 많은 사람은 새로운 정보에서 자극을 받아 발전한다.

새로운 아이디어의 발상을 위해서는 반드시 지식이 필요하다. 기존의 지식과 문제의식이 충돌해 아이디어가 생겨난다. 이 경우, 지식이 내부 메모리에 저장되어 쉽게 끌어낼 수 있어야 발상에 효과적으로 사용할 수 있다. 따라서 아이디어 발상을 위해서는 내부 메모리에 많은 지식을 저장해둘 필요가 있다.

AI는 의문을 품을 수 있을까

지식이 필요한 또 다른 이유는 지식이 질문하는 능력을 높이기 때문이다. 뭔가를 알고 싶다는 것은 지식이 있기 때문에 가능하다. 또, 질문하는 것에서부터 탐구가 시작된다. 지식이 부족한 사람은 의문을 품지 않고 탐구도 하지 않기 때문에 시간이 지나도 발전이 없다. 옛날 상태 그대로 머물러 있다.

탐구는 질문에서부터 시작된다.

뉴턴은 나무에서 사과가 떨어지는 것을 보고 '사과는 떨어지는데 왜 달은 떨어지지 않을까?' 하는 의문을 품었다. 그리고 그 의문으로부터 역학법칙을 이끌어냈다.

창조적인 사람은 그전까지 다른 사람이 하지 않은 물음을 던지는 것으로 새로운 가능성을 연다.

그런데 AI는 뉴턴처럼 의문을 품을 수 있을까?

나무에서 사과가 떨어지고 달이 하늘에 고정되어 있는 영상을 보여주어도 '그 두 가지는 만유인력과 역학법칙으로 설명할 수 있는 현상으로, 전혀 이상하지 않다'는 대답만 하지 않을까?

지금까지 알려진 온갖 법칙을 AI에 학습시켜서 그것과 모순되는 현상을 AI가 지적하는 것은 가능할 수 있다. 그러나 뉴턴이 품은 의문은 이것과는 다르다. 실제로 그가 본 현상은 자연법칙에 모순되는 것은 아니었기 때문이다.

물론 뉴턴처럼 의문을 품을 수 있는 AI가 장래에 만들어질 가능성은 부정할 수 없다. 그러나 그런 기계가 쉽게 탄생되지는 못할 것이다.

이와 같은 일은 다양한 장면에서 나올 수 있다.

예를 들어, 문장 집필이 그렇다. 이미 AI는 '오늘 주식시장 상황에 대해 써라'고 인간이 명령하면 그 요구에 응해준다. 스포츠 관전 기사도 써준다. 그러나 문장 집필에서 가장 중요한 것은 '무엇에 대해 써야 할까?' 하는 주제 선정이다. 이것은 질문하는 능력과 마찬가지다.

AI가 그런 판단을 할 수 있을까?

'AI는 이미 레코멘데이션(Recommendation, 추천)과 퍼스널 어시스턴트(Intelligent Personal Assistant, 가상 개인비서) 기능이 가능하니까 문장 주제 선택은 간단히 할 수 있다'고 생각할 수도 있다.

그러나 레코멘데이션과 퍼스널 어시스턴트는 빅데이터로부터 주어지는, 보통의 흔한 생각을 기본으로 한다. 그래서 문장을 써도 일반인의 일반적인 요구에 응하는 정도밖에 되지 않는다.

AI는 명령을 받으면 주식시장과 스포츠 기사를 쓸 수 있다. 그러나 인간의 명령을 받지 않고도 자발적으로 《전쟁과 평화》의 현대판을 쓰자는 생각이 들 수 있을까?

또, 이렇게 생각할 수도 있다. 지식은 무언가를 생산하기 위한 수단으로 필요시 되었다. 그러나 사실은 지식 자체가 중요하다. 즉, 지식을 얻는 것 자체에 가치가 있다. 이것은 지식에 대한 심오한 물음이다.

인간은 어릴 때부터 수수께끼 풀이에 도전한다. 수수께끼를 풀어도 어떤 도움도 되지 않는다는 것을 알지만 풀이 과정 자체가 즐겁기 때문에 도전한다.

이렇게 생각하면 AI 시대에는 공부의 필요성이 없어지기는커녕 더욱 더 그 중요성이 커진다는 사실을 알 수 있을 것이다.

색인

AI 시대·100세 시대 새로운 삶의 방식

독학, 어른의 생존 공부법

초판 1쇄 발행 2021년 4월 20일

지은이　노구치 유키오
기획 · 옮긴이　홍성민

펴낸이　김현숙 김현정
펴낸곳　공명
디자인　MALLYBOOK 최윤선 정효진
출판등록　2011년 10월 4일 제25100-2012-000039호
주소　03925 서울시 마포구 월드컵북로 402, KGIT센터 9층 925A호
전화　02-3153-1378 | **팩스** 02-6007-9858
이메일　gongmyoung@hanmail.net
블로그　http://blog.naver.com/gongmyoung1

ISBN 978-89-97870-46-2　03190